# Cochons nains

## Guide complet pour leurs propriétaires

*Le guide essentiel pour tous les passionnés par
l'élevage ou l'éducation des cochons nains,
minicochons ou cochons « teacup »*

par

# Elliott Lang

Publié par IMB Publishing

© 2013 IMB Publishing

www.micropigshed.com

L'amour d'un cochon est un sentiment aussi merveilleux et chaleureux que ce que vous pouvez ressentir au sein de votre famille. J'ai la grande chance d'avoir une famille fabuleuse qui m'a fait découvrir le monde des cochons nains.

Je voudrais remercier mes enfants qui m'ont inspiré pour la création d'un guide complet à propos de ce merveilleux animal ainsi que ma femme, qui a été d'un soutien constant pendant que je finissais ce travail de passionné.

Ce livre est pour eux et pour tous les cochons nains et ceux qui les aiment de par le monde.

# *Table des matières*

# *Chapitre un : Introduction*

C'est à la mode, ce petit cochon fait fureur, mais il n'est populaire que tant qu'il intéresse les célébrités et leurs fans.

Vous vous demandez peut-être pourquoi je commence un guide pour les propriétaires de cochons nains par une phrase aussi négative. C'est parce que je veux souligner trois mythes courants à propos des cochons nains.

Tout d'abord, les cochons nains ne sont pas plus vulnérables à la mode que les autres animaux domestiques. Les modes viennent et passent, et souvent, un film populaire ou une série télévisée va faire que des milliers de personnes achètent un animal en particulier, comme une race de chien spécifique telle que le dalmatien. Ils voient un chiot mignon faire des tours à la télévision et soudain cette race devient populaire.

À y regarder de plus près, il s'agit d'une mode. Celle-ci aboutit à des milliers de chiens abandonnés dans des refuges chaque année. Vous pourriez dire que les cochons nains sont une mode, mais posez-vous la question suivante : « Combien de cochons abandonnés trouve-t-on dans ces refuges ? » J'ai vu au cours des années que les propriétaires de cochons nains prennent le temps de bien choisir leur cochon.

Ils doivent attendre les portées et les listes d'attente sont souvent longues : les gens qui veulent un cochon parce que c'est à la mode sont souvent hors course avant même qu'ils puissent en acheter un.

Deuxièmement, les cochons nains ne sont pas petits. Voilà, je l'ai dit dès le départ et je veux insister là-dessus. Les cochons nains ne sont pas petits. Bien sûr, ils sont plus petits qu'un cochon de taille moyenne, ils sont même plus petits qu'un cochon de petite taille, mais un cochon nain adulte fait en moyenne la même taille qu'un chien de taille moyenne.

Ils ne pourront pas rester dans une tasse leur vie entière et vous devez vous préparer au fait que votre cochon va grandir.

Et enfin, troisièmement, ce ne sont pas les célébrités qui rendent les cochons nains populaires : les célébrités attirent simplement notre attention sur eux. Soyons réalistes, les cochons nains sont populaires parce qu'ils constituent une alternative aux animaux domestiques habituels. Ils sont d'un tempérament charmant, calme et aussi enrichissant, voire plus enrichissant, que n'importe quel autre animal domestique que vous invitez chez vous.

Cet un animal merveilleux et malgré une période de mauvaise presse parce qu'il était considéré comme étant à la mode, cela n'enlève rien à la place qu'il a dans notre maison et dans notre cœur.

En fait, les cochons nains peuvent être de très bons animaux domestiques. Leur petite taille leur permet de vivre partout où un chien de taille moyenne pourrait vivre et leur intelligence fait qu'ils sont dressés aussi facilement que les plus intelligentes races de chiens. Ce sont généralement des animaux en bonne santé et même si vous avez l'impression du contraire, ce sont des animaux propres.

Je reviendrais évidemment sur ces éléments au cours du livre, mais pour l'instant, mettons-nous d'accord sur le fait que le monde des cochons nains est un monde intéressant et varié rempli de créatures adorables.

Ce livre a pour but de vous emmener dans ce monde et de vous présenter tout ce que vous devez savoir sur les cochons nains. Que vous soyez un propriétaire débutant ou que vous ayez des années d'expérience, tout ce que vous devez savoir à propos des soins et de l'éducation d'un cochon nain se trouve dans ce livre.

De plus, ce livre vous guide dans l'élevage et les soins d'une truie gravide puis de ses petits à leur naissance. Ainsi, que vous ayez l'intention de vous développer dans le domaine de l'élevage de cochons nains ou pas, vous avez assurément ouvert le livre qui vous dira tout ce que vous devez savoir en tant que propriétaire d'un cochon nain.

Même si comme son nom l'indique, ce cochon est relativement petit, sa personnalité et l'amour que ses propriétaires lui portent n'ont absolument rien de petit. C'est pour cette raison que je n'ai pas douté de l'intérêt de créer un livre assez grand pour traiter du monde des cochons nains et de la dévotion de leurs maîtres.

# *Chapitre deux : À propos d'un cochon*

Tout commence par un cochon. C'est en tout cas ce que tous les propriétaires de cochons nains vous diront. Cet animal a quelque chose de merveilleux, mais c'est difficile à exprimer en quelques mots. L'on pourrait dire que cela tient à leur physique mignon ou à leurs petits grognements, ou bien encore à leur personnalité. Mais quoi qu'il en soit, les propriétaires de cochons nains sont accros à leur animal domestique.

Nous savons à quel point ces animaux peuvent être merveilleux — ce sera évident quand vous aurez fini ce livre —, mais il nous faut d'abord répondre à quelques questions que tout le monde se pose au sujet des cochons nains et de leurs origines. Ce chapitre traitera de l'histoire des cochons nains et des connaissances générales que tout propriétaire de cochons nains se doit d'avoir.

## *1) Histoire d'un cochon nain*

Tout a bien commencé quelque part, mais le problème avec les cochons nains c'est qu'ils ont été créés pour des raisons variées et dans des lieux différents. Si l'on considère les cochons dans leur ensemble, il y a toujours eu des cochons plus petits que les autres. On a pu estimer l'origine du premier cochon nain aux années quatre-vingt.

Si vous cherchez une réponse définitive et une histoire précise du cochon nain, vous n'en trouverez pas. L'histoire des cochons nains, comme celle de nombreuses espèces d'animaux domestiques, est pleine de questions sans réponses et de controverses. Bien sûr, il existe des personnes qui ont influé sur les cochons nains, mais on ne peut pas réellement les qualifier de créateurs de l'espèce.

Il est important de noter qu'il existe plusieurs espèces de cochons connus pour leur petite taille et bien qu'ils soient vendus comme des espèces de cochons miniatures, il ne s'agit pas du cochon nain dont nous parlons. En fait, de nombreux experts s'accordent à dire que le cochon nain tel que nous le connaissons a été développé à partir de la race de cochons Gloucester Old Spot.

Il y a toujours eu des cochons plus petits, et c'est au cours des années quatre-vingt que des scientifiques ont vu l'intérêt de la recherche impliquant les cochons. Ils ont également compris qu'un cochon de taille normale posait un certain nombre de problèmes pour les infrastructures de recherche, c'est pourquoi ils ont commencé à utiliser des cochons plus petits. À ce moment-là, l'un des fournisseurs de cochons destinés à la recherche a commencé à sélectionner pour la reproduction les cochons les plus petits. Ainsi naquit le cochon nain. Ces circonstances sont vantées pour être à l'origine du cochon nain, mais il ne faut surtout pas oublier que ce cochon n'a été sélectionné que pour la recherche scientifique. À aucun moment il n'a été pensé à son usage en tant qu'animal domestique. Aujourd'hui encore, les cochons nains sont principalement utilisés pour la recherche, et seule une minorité trouve sa place au sein d'un foyer.

La sélection des plus petits cochons fut le départ de quelque chose, et de plus en plus d'éleveurs prirent conscience du potentiel d'un cochon plus petit qui aurait une personnalité adaptée à ce que les gens recherchent chez un animal domestique. Un certain nombre de races de cochons ont été sélectionnées selon des critères de taille, ce qui aboutit à une grande gamme de tailles chez les cochons nains. De nombreuses organisations telles que la Defra au Royaume-Uni ont défini les cochons nains comme suit : n'importe quelle race de cochon qui a été sélectionnée sur plusieurs générations en vue de réduire sa taille.

Le cochon nain tel que nous le connaissons aujourd'hui a été développé dans la région de Cumbria et a été créé en sélectionnant un certain nombre de races différentes telles que le « Potbellied Pig ». Au bout de 15 années d'efforts, l'éleveur réussit à produire un cochon qui possédait la taille et la personnalité requises. Un autre éleveur du nom de Chris Murray dans le Devon, en Angleterre, passa 9 ans à sélectionner les plus petits de ses propres cochons, connus à l'origine sous le nom de Pennywell miniatures.

Ces cochons devinrent connus sous le nom de cochons « Teacup » (tasse de thé). Il s'agit de cochons nains, et bien que les porcelets aient été photographiés dans des tasses, le nom a été choisi simplement parce que ces cochons aimaient autant le thé que leur éleveur.

Les cochons nains existent pour la plupart depuis des décennies grâce aux efforts de nombreux éleveurs qui ont permis la création des cochons nains que nous connaissons aujourd'hui.

## 2) Généralités sur les cochons nains

Maintenant que l'histoire des cochons nains vous a été présentée, il est temps d'introduire les connaissances à leur sujet. Oui, la personnalité des cochons nains est haute en couleurs, mais il vous faut en savoir davantage sur cet animal avant d'y investir votre temps et votre argent. Après tout, si le cochon nain n'est pas l'animal de compagnie qu'il vous faut, alors il vaut mieux que vous le sachiez dès le départ, et non pas après l'avoir adopté.

J'aborderai plus en détail la plupart des sujets suivants, mais commençons par répondre aux questions les plus fréquemment posées par les nouveaux et les futurs propriétaires de cochons nains. *Qu'est-ce qu'un cochon nain ?*

Un cochon nain est un cochon de petite taille résultant d'un élevage sélectif sur plusieurs générations.

**Quelle est la différence entre un cochon nain, un mini cochon et un cochon « teacup » ?**

Malgré certains comptes-rendus avançant que ces cochons sont différents, les cochons nains, mini cochons ou cochons « teacup » sont des mots différents pour décrire les mêmes animaux. Il n'y a pas de différence de taille entre un cochon nain et un cochon « teacup ». La seule différence est que la majorité des mini cochons est destinée à la recherche scientifique et qu'ils deviennent rarement des animaux domestiques.

**Les cochons nains sont-ils propres ?**

Malgré la croyance populaire selon laquelle les cochons seraient sales, les propriétaires de cochons nains sont heureux de vanter la propreté de leurs animaux domestiques. Le cochon préfère disposer d'un espace pour ses besoins et d'un autre pour dormir. S'il est bien éduqué, il évitera de faire ses besoins dans la maison, car c'est son espace de couchage ; il ira dehors dans la zone prévue à cet effet. Quel que soit le type d'animal domestique, l'apprentissage de la propreté repose sur l'éducation dont il bénéficie auprès de son propriétaire. Pour plus d'informations au sujet de l'apprentissage de la propreté, rendez-vous au chapitre sept.

### Comment sont-ils avec les enfants ?

En général, les cochons s'entendent très bien avec les enfants, cependant ils doivent être mis en contact avec eux pour s'y habituer. De plus, il est important de se rappeler que les cochons nains peuvent être agressifs s'ils ne sont pas bien dressés et éduqués.

### S'entendent-ils bien avec d'autres animaux domestiques ?

Les cochons nains sont fantastiques avec les autres animaux et s'en sortent bien dans une maison qui possède plusieurs animaux domestiques. En effet, ces cochons sont très sociables et ils s'épanouiront au contact d'un autre animal, particulièrement auprès d'un autre cochon. Pour cette raison, de nombreux propriétaires préfèrent en adopter plus d'un.

### Quelle est la durée de vie d'un cochon nain ?

Généralement un cochon nain vit jusqu'à l'âge de 15-18 ans et a peu de problèmes de santé. Cela signifie moins de factures vétérinaires au cours de sa vie. Il faut savoir que la longévité de votre cochon nain dépend des soins qui lui sont prodigués.

**Quelles sont les couleurs des cochons nains ?**

Leurs couleurs sont les mêmes que celles des cochons communs, y compris le rose mignon popularisé par les films tels que « Babe, le cochon devenu berger ». Toutefois, les couleurs les plus communes sont le noir et le noir et blanc. On peut aussi en trouver des roses, roses avec des taches noires, marron, marron avec des taches noires ou blancs avec des taches noires.

*À quel âge atteignent-ils leur maturité ?*
Les cochons nains murissent à des vitesses différentes, mais en général un cochon nain atteint sa maturité vers 2 ans d'âge.

La taille des cochons nains est une question très importante au vu des idées fausses qui circulent, mais j'aborderai ce sujet dans la section suivante de ce chapitre.

## 3) *Tempérament d'un cochon nain*

S'agissant du tempérament, on ne peut pas demander meilleur compagnon qu'un cochon nain. En général, ces animaux sont très intelligents et ont tendance à être d'une nature docile qui les rend idéaux pour tout type de famille.

Ce sont d'ordinaire des animaux très sociables qui s'épanouissent au contact de leurs propriétaires ou d'autres animaux. Un cochon nain laissé à lui-même pendant trop longtemps peut devenir assez destructeur. Il est donc important de disposer d'un espace à l'extérieur où le cochon nain est en sécurité lorsque vous êtes absent.

Parce qu'ils sont sociables, les cochons nains s'entendent bien avec d'autres animaux, mais ils peut arriver qu'ils soient agressifs, en particulier s'ils ne sont pas éduqués correctement et qu'ils n'ont pas été castrés ou stérilisés. Ils s'épanouissent beaucoup mieux dans un foyer où se trouve un autre cochon nain, cependant cela n'est pas absolument nécessaire : tant que vous répondez à ses besoins sociaux, adopter un seul cochon nain est envisageable.

Les cochons nains s'entendent à merveille avec les enfants. Ils sont en général assez dociles pour ne pas se comporter de façon agressive avec les enfants, et comme ils sont joueurs, ils font de très bons compagnons de jeu.

On ne peut pas insister assez sur l'importance de stériliser ou castrer votre cochon nain. Une femelle qui n'a pas été opérée peut être en chaleur plusieurs fois par an, parfois aussi souvent qu'une fois toutes les trois semaines. Lorsqu'elle est en chaleur, elle peut devenir agressive et difficile. Elle poussera constamment des cris aigus et tout le charme de votre porcelet disparaitra rapidement. Les mâles deviennent tout aussi difficiles à gérer une fois qu'ils atteignent leur maturité sexuelle. Ils essaieront alors de chevaucher à peu près tout ce qui se trouve à leur portée. Si vous ne vous lancez pas dans l'élevage de cochons, il est impératif de faire opérer votre cochon.

Un autre sujet important concerne le dressage, qui est essentiel pour avoir un cochon épanoui et de bonne composition. Ces animaux sont intelligents et ils peuvent apprendre un certain nombre de tours et de comportements qui rendront votre cohabitation encore plus agréable. Il faut savoir que posséder un cochon nain implique une responsabilité aussi grande que pour un chien, et l'éducation doit se faire dès les premiers mois de la présence du cochon dans votre foyer.

En général, les cochons nains s'adaptent à tout type de maison, tant qu'ils ont le loisir de sortir en plein air. Ce sont d'ordinaire des animaux silencieux, bien qu'ils crient lorsqu'ils ont peur et quand on les soulève. Même s'ils adorent être sociables, ils n'aiment pas vraiment qu'on les soulève et qu'on les porte dans nos bras. Ils sont plus heureux avec leurs quatre pattes sur le sol et vous suivront alors partout.

# Portrait d'un Cochon Nain

**Noms courants :** Cochon Nain, Mini Cochon, Cochon Teacup

**Taille moyenne :** 30,5 à 50,8 cm (12 à 20 pouces)

**Poids moyen :** 18,2 à 29,5 kg (40 à 65 livres)

**Couleurs courantes :**
-Rose
-Rose à taches noires
-Roux
-Roux à taches noires
-Blanc à taches noires

**Durée de vie :** 15 à 18 ans

**Santé :** santé très solide

## 4) *Taille de votre cochon nain adulte*

La taille des cochons nains peut être déconcertante et trompeuse. En effet, la caractéristique la plus trompeuse du cochon nain est bien sa taille. De nombreux éleveurs sans scrupules ainsi que les médias ont cultivé l'image d'un cochon aussi petit qu'une tasse (à cause du nom de « teacup »).

Il est important de se rappeler que la majorité des photos vues sur internet et dans les journaux montrent des porcelets. Un cochon nain adulte ne garde pas cette taille et il ne reste pas petit très longtemps. Les cochons grandissent vite et atteignent souvent leur taille définitive avant l'âge d'un an.

En général, la taille du cochon nain déconcerte parce qu'il n'est pas très haut sur pattes, alors qu'il est plutôt large. Il pèse souvent beaucoup plus que ce que l'on pense. Un cochon nain peut n'atteindre qu'une cinquantaine de centimètres de haut, mais sa largeur équivaudra à celle d'un chien moyen ou grand.

De plus, il n'y a aucune garantie quant à la taille future de votre cochon nain. Un avorton peut devenir plutôt grand alors que le plus grand d'une portée peut devenir le plus petit adulte. En règle générale, la taille des parents, et si possible celle des grands-parents, est un assez bon indicateur de la taille potentielle de votre porcelet. Habituellement, plus les parents sont petits, plus le cochon sera petit, mais ce n'est pas systématique.

Lorsque vous décidez d'adopter un porcelet, vous devez garder à l'esprit le fait que ce cochon va grandir au moins jusqu'à atteindre la taille d'un chien de taille moyenne. Vous devez considérer cela en fonction de la taille de votre maison. Si elle n'est pas assez grande pour un chien de taille moyenne, alors elle ne sera probablement pas assez grande pour un cochon de taille moyenne.

Comme je l'ai mentionné dans le portrait d'un cochon nain, la taille moyenne se situe entre 30,5 et 50,8 cm (12 à 20 pouces) et 18,2 à 29,5 kg (40 à 65 livres). Le problème avec ces données est qu'elles se basent sur le standard d'un cochon nain sélectionné à partir de la race Gloucester Old Spot. Malheureusement, tous les cochons vendus comme étant des cochons nains ne viennent pas de cette race. C'est pourquoi vous pouvez trouver des variations significatives dans la taille de votre cochon nain.

De plus, de nombreux éleveurs ont commencé à faire des croisements avec d'autres races de cochons, ce qui a mené à des variations importantes de leur taille. Et enfin, certains éleveurs ont introduit des sangliers dans les lignées pour produire une forme de tête différente et varier les couleurs, cela aussi peut influencer la taille de votre cochon. Les types de cochons nains les plus communs sont :

- *Cochon Potbelly :* Il ne s'agit pas d'un cochon nain, mais je l'ai déjà vu en vente sous l'appellation de cochon nain plusieurs fois. C'était à l'origine une race très populaire en tant qu'animal de compagnie, mais sa taille lui a fait perdre la faveur du public. La hauteur d'un cochon potbelly se situe entre 40,6 et 66 cm (16 à 26 pouces) et son poids entre 54,5 et 90,9 kg (120 à 200 livres).
- *Mini Cochon Potbelly :* Légèrement plus petit que le potbelly commun, le mini potbelly reste assez grand et lourd. En général il fait 38,1 à 40,6 cm de haut (15 à 16 pouces) et il peut peser entre 36,4 et 54,5 kg (80 à 120 livres).
- *Micro Cochon Potbelly :* Ceux-ci sont considérés comme étant les plus petits cochons potbelly que vous pouvez acheter, et ils sont similaires aux cochons nains que beaucoup de gens achètent. Certains micros cochons potbelly sont vendus en tant que cochons nains, même s'ils peuvent être très lourds. En moyenne, le micro cochon potbelly mesure 30,5 à 35,6 cm (12 à 14 pouces) et pèse entre 27,3 et 36,4 kg (60 à 80 livres).
- *Cochon Nain :* Aussi connus sous le nom de cochons « teacup », ce sont les cochons qui descendent de la reproduction sélective de cochons Gloucester Old Spot. Le cochon nain

moyen fait entre 30,5 et 50,8 cm (12 et 20 pouces) de hauteur et pèse entre 18,2 et 29,5 kg (40 et 65 livres).

- *Cochon Pygmée Africain :* Un cochon miniature au dos droit par opposition au dos ensellé du cochon potbelly. Le Cochon Pygmée Africain ne se trouve pas aussi souvent que les autres types de cochons nains. En moyenne, ils ont tendance à être plus fins et si leur taille peut atteindre 35,6 à 55,9 cm en moyenne (14 à 22 pouces), leur poids se situe autour de 9,1 à 18,2 kg (20 à 40 livres).

- *Cochon Ossabaw Island :* Ces cochons font la même hauteur que les cochons nains, mais ils sont un peu plus larges et plus lourds que le cochon nain moyen. Le poids moyen d'un Cochon Ossabaw Island se situe entre 11,4 et 40,9 kg (25 et 90 livres), même si sa taille fait entre 35,6 et 50,8 cm (14 et 20 pouces).

- *Cochon Yucatan :* Les acheteurs de ce type de cochon, aussi connu sous le nom de « Mexican Hairless » doivent se méfier. En effet, la taille de ces cochons peut varier de façon importante. La plupart se situent entre 40,6 et 61 cm de haut (16 à 24 pouces), cependant ils peuvent peser jusqu'à 90,9 kg (200 livres) si vous n'achetez pas la plus petite variété. Il est important de noter que même un cochon Yucatan de petite taille peut peser entre 22,7 et 45,5 kg (50 à 100 livres).

- ***Cochon Juliani :*** Ce cochon est véritablement le cochon nain que beaucoup de gens recherchent, mais encore une fois, leur poids est significatif. En général, le cochon Juliani fait en moyenne 25,4 à 38,1 cm (10 à 15 pouces) de haut et pèse 6,8 à 22,7 kg (15 à 50 livres).

Je voudrais insister sur le fait que chaque type de cochon possède une personnalité et un caractère différents. Les cochons Juliani, Potbelly et les cochons nains ont tendance à être doux, le Juliani étant le plus joueur des trois. Les Ossabaw ont tendance à être très intelligents et ont une durée de vie plus longue, beaucoup atteignant l'âge de 25 ans. Enfin, le Pygmée Africain est très actif et moins docile que les autres races.

Comme vous pouvez le voir, il est très important de faire des recherches sur la taille des cochons avant de vous engager auprès d'un éleveur et d'une portée. Si les parents sont plus grands que ce que vous souhaitez pour votre cochon, changez d'éleveur. Rappelez-vous que votre porcelet va grandir et qu'il ne restera pas aussi petit très longtemps.

## Comparaison de la taille du cochon nain

Cochon nain
adulte

Labrador Retriever
adulte

Cochon adulte

# *Chapitre Trois : Le cochon nain est-il fait pour vous ?*

Lorsqu'on veut acquérir un animal de compagnie, notre décision est prise en sachant que cet animal est bien celui qu'il nous faut. Cela est important quand vous achetez un poisson, un chien ou un oiseau, et c'est tout aussi important lorsque vous achetez un animal plus inhabituel tel qu'un cochon.

Rappelez-vous qu'il ne faut jamais acheter un animal domestique simplement parce qu'il est à la mode. Vous devez vous assurer que vous avez des raisons solides pour acheter l'animal, et que ces raisons resteront valables tout au long des 18 années suivantes. Contrairement à certaines espèces d'animaux, les cochons nains ont une longue espérance de vie : si vous vous engagez auprès d'un porcelet, il se peut que vous vous engagiez pour un quart de siècle de soins.

Si cette pensée vous donne à réfléchir, prenez le temps de réexaminer le fait de vouloir ramener chez vous un cochon nain, ou tout du moins, prenez un peu de temps avant de finaliser votre décision. Devoir trouver une nouvelle maison pour accueillir le cochon s'il ne vous convient pas est bien la dernière chose que l'on souhaite.

La décision ne se base pas uniquement sur vos émotions et sur le fait de savoir que le cochon nain est l'animal domestique idéal pour vous. Vous devez également prendre en compte votre maison, le type d'environnement dans lequel vous vivez et la taille de votre maison. Croyez-moi, j'ai toute une liste d'animaux que j'aimerais posséder mais ma maison n'est tout simplement pas assez grande pour les accueillir.

Voici quelques considérations dont vous devrez tenir compte avant de décider que le cochon nain est l'animal qu'il vous faut :

### Êtes-vous propriétaire ou locataire ?

Le fait d'être locataire ne semble pas poser un gros problème, mais les cochons nains ont besoin d'une certaine quantité d'espace, et si vous louez, vous ne pourrez peut-être pas toujours être en mesure de lui fournir cet espace. Songez au long terme avant de décider d'adopter un cochon nain pour être sûr de ne pas devoir abandonner votre cochon simplement parce que vous déménagez.

### Vivez-vous dans un environnement urbain ou rural ?

Il ne fait aucun doute que les cochons nains se portent mieux dans un environnement rural. En outre, il est plus simple d'obtenir les autorisations nécessaires si vous vivez à la campagne. Toutefois, étant donné leur taille, il est possible de les élever en ville. Quel que soit l'endroit où vous vivez, un cochon nain a besoin d'avoir accès à l'extérieur. Si vous avez une maison en ville avec un petit jardin, alors vous avez un bon foyer pour votre cochon.

### Vivez-vous en appartement ?

Les appartements ne sont pas recommandés pour les cochons nains parce que ces animaux ont besoin d'être dehors pendant une partie de la journée. Un cochon qui ne passe pas assez de temps à l'extérieur peut devenir destructeur. Les promenades peuvent diminuer quelque peu ce phénomène, mais le cochon nain ne s'épanouit réellement que lorsqu'il peut aller dehors et fouiller dans le jardin.

### Saurez-vous être un propriétaire autoritaire ?

Les cochons nains peuvent être agressifs et même s'ils ont l'air très dociles, ils ont besoin d'un propriétaire solide qui fera appliquer les règles et poursuivra le dressage. Sans cela, l'animal peut devenir le « cochon dominant » de la maison et il en prendra le contrôle. Si vous pensez ne pas être très autoritaire avec les animaux, il vaut peut-être mieux chercher un autre type d'animal domestique.

### Passez-vous de longues journées au travail ?

Les cochons nains sont connus pour leur sociabilité, cependant ils peuvent devenir très destructeurs et s'ennuyer s'ils sont laissés seuls pendant trop longtemps. Ils ont besoin d'un propriétaire qui passe du temps avec eux de façon régulière et qui ne part pas de la maison pour de longues périodes de temps. Si votre travail et vos déplacements vous conduisent à passer plus de dix heures par jour hors de chez vous, il serait préférable de choisir un autre animal domestique.

### Recherchez-vous un animal domestique actif ?

Enfin, si quelques cochons nains peuvent être très actifs, la plupart sont dociles, voire paresseux. Si vous cherchez un compagnon de footing, le cochon nain ne sera pas le meilleur choix d'animal.

Comme vous pouvez le voir, il faut tenir compte de beaucoup de choses pour être sûr qu'un cochon nain convienne. Si vous avez répondu de manière favorable à toutes ou à la plupart des questions concernant le fait de posséder un cochon nain, alors il se peut qu'il soit l'animal domestique idéal pour vous.

## Avantages et inconvénients des cochons nains

Même si je peux vanter les mérites des cochons nains, il est important de considérer leurs avantages et leurs inconvénients de manière objective. Après tout, cela ne vous apporterait rien si je faisais simplement une liste des éléments positifs d'un aussi gentil compagnon, puisque ce ne sera pas une description correcte du cochon nain.

Après avoir réfléchi aux questions ci-dessus, il est important d'envisager tous les avantages et les inconvénients d'un cochon nain dans sa maison avant d'en adopter un.

## a) Avantages des cochons nains

- *Ils sont propres :* La plupart des cochons nains sont très propres et d'ordinaire ils ne sentent pas mauvais. Ils préfèrent ne pas souiller leurs espaces de sommeil et ne vont faire leurs besoins que dans la zone où ils ont été éduqués à le faire.

- *Ils peuvent apprendre à se servir d'un bac à litière :* Puisqu'on parle de leurs besoins, les cochons nains peuvent être dressés à aller dans un bac à litière ou bien dehors.

- *Ils sont sociables :* Les cochons nains sont des animaux très sociables et ils créent très vite une relation avec leur propriétaire et avec les autres membres de la famille. Ils s'épanouissent au contact de leur famille et sont le plus heureux en leur compagnie. Ils peuvent être très affectueux envers leurs propriétaires.

- *Les cochons nains sont très intelligents :* Connus pour leur intelligence, les cochons nains sont souvent comparés au chien moyen lorsqu'ils sont jugés pour leur facilité de dressage. Ils peuvent maîtriser un certain nombre de tours et sont souvent enthousiastes pour le dressage.

- *Ils ne perdent pas leurs poils :* Les cochons nains n'ont pas de fourrure et ils ne perdent pas leurs poils, ce qui vous permet d'avoir une maison et des vêtements qui ne sont pas couverts de poils, contrairement à ce qui se passe en présence d'un chien ou d'un chat.

- *Ils sont hypoallergéniques :* Je déteste dire qu'un animal est complètement hypoallergénique, mais le cochon nain s'en rapproche autant que possible. Il n'a pas de fourrure et la composition de sa peau est très proche de celle des humains, ce qui le rend adapté aux personnes souffrant d'allergies.

- *Ils s'entendent bien avec d'autres animaux :* Un autre point positif est que les cochons nains s'adaptent bien dans les maisons possédant plusieurs animaux domestiques. Ils s'épanouissent véritablement avec d'autres cochons, mais ils s'entendent aussi très bien avec des chats ou des chiens.

- ***Ils sont exceptionnels avec les enfants :*** Parce que ce sont des animaux sociables, ils s'entendent très bien avec les enfants et constituent des compagnons de jeu affectueux et joueurs.

- ***Ils ont une santé solide :*** Lorsque vous choisissez un cochon nain chez un éleveur de bonne réputation qui n'élève que des cochons sains, vous avez une meilleure chance d'avoir un animal domestique en très bonne santé.

- ***Ce sont des animaux domestiques originaux :*** Enfin, les cochons nains sont des animaux domestiques originaux que peu de gens possèdent. C'est à la fois un avantage et un inconvénient.

Il existe d'autres avantages, mais la plupart sont très personnels d'après moi et ils reflètent la nature et la situation de vie de chaque propriétaire d'un cochon nain.

**b) Inconvénients des cochons nains**

- ***Ils peuvent être agressifs :*** Les cochons nains peuvent être très agressifs s'ils ne sont pas éduqués et maniés de façon appropriée. Ils ont besoin d'un propriétaire solide qui sera le « cochon dominant » de la maison. S'il n'y a pas de dominant dans la maison, les cochons peuvent devenir impossibles à gérer.

- ***Ils ont besoin d'un espace extérieur :*** Bien qu'ils soient vus comme des animaux de maison, les cochons nains se portent beaucoup mieux s'ils passent la majorité de leur temps dehors. Ils peuvent s'adapter aux maisons, mais ils ont besoin de passer une partie de leur journée dehors, il leur faut donc assez d'espace à l'extérieur pour se sentir bien.

- ***Ils aiment mâcher :*** Tout comme les cochons, les cochons nains ont un appétit vorace. Ils mâchouillent presque tout ce qu'ils trouvent et adorent avoir quelque chose dans la bouche. Il est difficile de protéger sa maison contre les cochons et il faut être vigilant en permanence afin de ne rien laisser à leur portée, quel que soit leur âge.

- ***Ils sont uniques :*** Comme je l'ai dit dans les avantages, les cochons nains sont encore des animaux domestiques originaux. On n'en voit pas souvent, ce qui peut être un avantage merveilleux, mais cela peut aussi rendre leur présence plus compliquée. En général, trouver un vétérinaire pour votre cochon peut être difficile, en particulier dans un environnement urbain. Il vous faudra trouver un vétérinaire spécialisé dans les animaux de ferme, ce qui peut mener à des prix plus élevés. De plus, il peut être plus difficile de partir en vacances, parce que la plupart des chenils qui accueillent des chiens et d'autres animaux ne sont pas équipés ni formés pour des cochons domestiques et ne pourront souvent pas répondre à vos besoins.

- ***Ils sont difficiles à gérer :*** Si vous voulez acheter un cochon nain parce que vous cherchez un animal facile, alors vous devriez choisir autre chose. Ils apprennent vite et n'ont pas besoin d'autant de toilettage que d'autres animaux, mais il faut du temps pour les entretenir et les élever. Ils ont besoin d'être constamment fournis en litière propre et doivent passer beaucoup de temps dehors. De plus, ils peuvent être assez collants envers leur propriétaire et ont quotidiennement besoin d'attention.

- ***Ils nécessitent une licence spéciale :*** Les licences diffèrent selon l'endroit où vous vivez, mais en général les cochons nains sont toujours considérés comme des animaux de ferme, indépendamment de leur taille. Pour cette raison, certaines lois interdisent les animaux de ferme dans les villes ; même dans celles où ils sont autorisés, des licences spéciales doivent être faites. De plus, il se peut que vous ayez besoin de permis spéciaux pour transporter votre cochon nain depuis l'éleveur jusqu'à chez vous. Nous verrons les licences dans le Chapitre Cinq : Ramener votre cochon nain à la maison.

- ***Ils peuvent être très actifs sexuellement :*** Un cochon non opéré peut être très actif et les mâles essaieront de chevaucher à peu près tout, des meubles aux humains. De plus, les femelles peuvent être en chaleur à des intervalles de quelques semaines seulement et deviennent difficiles à gérer pendant ces périodes.

- ***Ils peuvent coûter très cher :*** Pour finir, le cochon nain peut coûter très cher à l'achat parce qu'il s'agit d'un animal domestique rare. En général, un cochon nain peut coûter entre 1000 et 1500 dollars si vous l'achetez chez un éleveur de bonne réputation.

Il faut bien tenir compte de certains avantages et inconvénients essentiels avant de décider si oui ou non le cochon nain est l'animal qu'il vous faut.

# *Chapitre Quatre : Choisir son cochon nain*

Vous êtes finalement arrivé à la conclusion que le cochon nain est bien l'animal qu'il vous faut. Bravo pour votre choix, je suis sûr que lorsque vous ramènerez le cochon à la maison, vous serez ravi que ce fabuleux animal partage votre maison et votre vie.

Bien sûr, avant de célébrer l'adoption de votre nouvel animal domestique et membre de la famille, vous devez trouver le cochon idéal. Cela peut être aussi simple que d'aller voir un éleveur et de voir le bon cochon au bon moment. En général toutefois, cela demande beaucoup plus de temps et d'efforts et consulter les petites annonces ne suffit pas.

Comme il s'agit d'un nouvel animal de compagnie, il existe beaucoup moins d'éleveurs de cochons nains que d'éleveurs d'autres animaux. De plus, de nombreux éleveurs font de la publicité pour des cochons nains qui sont en réalité beaucoup plus gros, et les problèmes qui en résultent ne se font sentir qu'une fois que vous avez un cochon de 90,9 kg (200 livres) sur les bras.

Les listes d'attente sont chose commune et vous pouvez être amené à attendre pendant un an avant de pouvoir ramener votre cochon à la maison. Comme vous pouvez le voir, c'est tout un travail de trouver un cochon nain en bonne santé, à un prix raisonnable et qui restera aussi petit qu'il devrait l'être.

Dans ce chapitre, nous allons voir les qualités que vous devez observer chez l'éleveur ainsi que ce qu'il vous faut regarder pour choisir le cochon parfait pour votre famille.

## 1) *Trouver un éleveur*

Afin de choisir le meilleur éleveur pour votre cochon nain, le principal conseil que j'ai à vous donner est de faire confiance à votre instinct. Si vous avez l'impression que cet éleveur n'est pas éthique ou s'il vous laisse une mauvaise impression, cherchez-en un autre, même si cela implique une attente plus longue avant d'avoir le cochon de vos rêves. Il vaut mieux faire preuve de prudence plutôt que d'acheter chez le premier éleveur venu.

Mais ce n'est pas tout. Votre instinct n'est pas suffisant puisque vous devez commencer par trouver un éleveur avant tout.

Cela peut être difficile de trouver un éleveur de cochons nains parce qu'il n'en existe pas beaucoup. Oui, vous pouvez en trouver de temps en temps dans les petites annonces, mais pour trouver un cochon de qualité, il vous faudra vraisemblablement chercher plus loin et faire autre chose que cliquer sur internet.

Mais où trouver les éleveurs ?

La réponse dépend de là où vous habitez. Aux États-Unis ou au Canada, il n'y a que quelques éleveurs qui proposent des cochons nains authentiques, les autres affirment à tort qu'ils produisent des cochons nains. En Grande-Bretagne il existe plus d'éleveurs, mais là encore il y en a qui font des élevages contraires à l'éthique, ce qui a causé des problèmes chez les animaux.

Commencez toujours par contacter les associations d'élevage de bétail, car elles pourraient avoir une liste d'éleveurs de cochons domestiques. De plus, il existe souvent différentes associations qui possèdent des noms et des liens vers des éleveurs de ce cochon en particulier. Si vous cherchez simplement des cochons nains, la recherche sera trop vague, mais si vous choisissez par exemple des cochons Ossabaw Island avec d'autres races, alors vous trouverez des associations en rapport avec cela.

Une autre façon de trouver et de rencontrer des éleveurs de cochons et de cochons nains est d'assister à des foires au bétail et aux cochons locales. Vous n'y trouverez peut-être pas de cochons nains, mais vous trouverez des gens qui vous indiqueront la bonne personne.

Un mot d'avertissement concernant les foires qui font des enchères : si vous trouvez un cochon nain aux enchères, ne l'achetez pas, quel que soit son prix de départ. La raison principale est qu'il est très difficile de voir si le cochon est en bonne santé dans ces conditions. Si vous rentrez chez vous avec le cochon, vous réaliserez très vite qu'il n'était pas en bonne santé. De plus, vous ne pourriez pas voir dans quelles conditions ce cochon a été élevé et il y aura trop d'inconnues qui peuvent mener à des problèmes tout au long de la vie de votre cochon.

Si vous choisissez malgré tout de chercher un éleveur dans les petites annonces, il est très important de vérifier que cet éleveur possède certaines qualités. Ces qualités sont les suivantes :

- *Bien informé :* L'éleveur sait-il beaucoup de choses sur les cochons nains et est-il prêt à les partager avec vous ? S'il a l'air de douter lorsque vous lui posez des questions, il vaut probablement mieux chercher un autre éleveur.

- *Pointilleux :* Si vous appelez un éleveur et qu'il accepte de vous donner un cochon avant même que vous ayez dit votre nom, et avant que vous ayez expliqué votre situation, n'achetez alors jamais un cochon de cet éleveur. Parce que les cochons nains sont rares, les éleveurs sont pointilleux quant aux choix des futurs propriétaires afin d'éviter les problèmes plus tard au cours de la vie du cochon. Si on ne vous pose pas une douzaine de questions avant de vous proposer de voir l'animal, vous devriez aller chercher ailleurs.

- **Sociable :** Il se peut qu'ils ne soient pas tous comme cela, mais les éleveurs de cochons nains de bonne qualité invitent les gens à venir visiter leur élevage. Si un éleveur semble hésiter lorsque vous voulez venir le voir, vous devriez probablement éviter cet éleveur, car il peut tenter de cacher quelque chose.

Outre ces qualités, il est important de faire des recherches sur votre éleveur. Vérifiez s'il a des références d'éleveurs en amont et que les cochons ont bien été contrôlés par un vétérinaire pour d'éventuels problèmes de santé. Si l'éleveur ne fait pas faire des vérifications de routine par un vétérinaire, il se peut que les porcelets présentent des problèmes qui pourraient mettre leur santé en danger.

Vous devriez également toujours faire le tour des installations avant de vous engager pour l'adoption d'un porcelet. Premièrement, tout devrait être rangé et propre. Si les cochons sont maintenus dans de petites cages ou dans des conditions de saleté, alors il vous faut partir tout de suite. Deuxièmement, assurez-vous que les porcelets ont l'air en bonne santé. Si ce n'est pas le cas, cherchez un autre éleveur. Troisièmement, si les cochons vous semblent grands, alors il vaudrait mieux choisir un éleveur et une portée différents, car vous pouvez être quasiment sûr que les porcelets seront tout aussi grands que leurs parents quand ils auront grandi.

Lorsque vous vérifiez la taille des cochons adultes, vérifiez également leur tempérament. Rappelez-vous que les cochons nains sont censés être des créatures sociables et relativement dociles ; les parents des porcelets devraient donc l'être aussi.

Quand vous examinez les installations et les animaux de l'élevage, assurez-vous également que tous les papiers de l'éleveur sont en règle. Les cochons sont-ils bien vaccinés ? L'éleveur a-t-il la licence et les permis nécessaires pour diriger un élevage de cochons ? Peut-il prouver que ses cochons sont issus des cochons nains de Cumbria ?

Si toutes ces conditions sont réunies, alors vous pouvez choisir le cochon que vous souhaitez adopter. Si ce n'est pas le cas, il vaut mieux vous tourner vers un autre éleveur. Gardez en tête que si quoi que ce soit vous fait douter de la qualité de l'éleveur, alors il vaut mieux chercher un cochon nain ailleurs.

## 2) *Choisir le bon cochon*

Une fois que vous avez trouvé le bon éleveur, il est temps de choisir le porcelet qu'il vous faut. Encore une fois, j'insiste sur l'importance d'observer les parents de la portée avant de se focaliser sur les porcelets. Demandez-vous si les cochons ont une apparence qui vous plaît et s'ils font la bonne taille. Assurez-vous que les cochons avaient atteint leur taille définitive au moment de la reproduction. Une manière simple de vérifier cela est de se baser sur leur âge. S'ils ont moins de 2 ans, ils grandiront probablement encore. Souvent, les cochons de moins de 3 ans grandissent encore un petit peu.
S'ils sont plus jeunes, vous pouvez tout de même acheter un porcelet de cette portée, mais sachez qu'il risque de devenir plus grand que ce à quoi vous vous attendez. En général, il est recommandé de visiter les installations d'élevage avant d'y aller pour choisir un porcelet. Veuillez lire la section Trouver un éleveur si vous ne l'avez pas encore fait.

Une fois que vous avez contrôlé tout ce qui concerne les parents de la portée, examinez les porcelets. Vous pouvez choisir parmi des couleurs différentes et selon la race, vous aurez aussi des cochons de tempéraments différents.

En ce qui concerne la couleur, vous devez prendre en considération un certain nombre d'éléments. Si le rose et le blanc sont des couleurs traditionnelles qui rappellent Babe, ce n'est pas forcément le meilleur choix à faire. En effet, ils demandent un peu plus de soins, car les cochons de couleur claire souffrent plus des coups de soleil que les autres.

Au sujet de la taille, elle est difficile à déterminer à l'avance, et même l'éleveur le plus expérimenté aurait du mal à la prédire. En général, il vaut mieux choisir un porcelet parmi les plus petits si vous souhaitez un cochon de petite taille, mais cela n'est pas toujours fiable.

Enfin, vérifiez la sociabilité des porcelets. Ont-ils l'habitude d'être manipulés ? Souvenez-vous que les cochons aiment avoir leurs quatre pattes au sol, et que même s'ils crient lorsque vous les attrapez, cela ne doit pas être trop difficile de les toucher. Recherchez un porcelet qui n'a pas l'air trop timide ou peureux.

Comme pour tous les animaux domestiques, vous devrez réfléchir à vos préférences pour un mâle ou une femelle, sauf si vous suivez les recommandations de l'éleveur. Les mâles sont en général plus agressifs et essaient de devenir le cochon dominant et de prendre le contrôle de la maison. Il vaut mieux que les mâles soient castrés si vous les gardez simplement comme animal domestique, en particulier parce que les mâles essaient de chevaucher tout ce qu'ils trouvent.

Les femelles sont d'habitude plus dociles et ont un tempérament plus doux. Encore une fois, il vaut mieux les faire stériliser ; toutefois, même une femelle non opérée peut être assez docile et elle est souvent de meilleure compagnie qu'un mâle non opéré. Au niveau de la taille, il n'y a pas beaucoup de différence entre les deux.

Une fois que vous avez choisi votre porcelet, il est très important de contrôler sa santé. Cela doit être fait au moment du choix, puis lorsque vous reviendrez pour le chercher. Vérifiez les choses suivantes concernant votre porcelet et les autres porcelets de la portée :

- *Alerte et actif :* Les cochons en bonne santé, quelle que soit leur taille, sont toujours alertes et actifs. Si votre cochon a l'air léthargique et que ses yeux sont vitreux, vous devriez demander quelles en sont les causes. Ne prenez pas le risque de choisir un autre porcelet de la même portée, car s'il y en a un de malade, les autres peuvent l'être aussi à un stade moins avancé et donc invisible.

- *Groin humide :* En plus d'être actifs et d'avoir les yeux brillants, les porcelets devraient avoir le groin humide. Si leurs groins sont secs et craquelés, cela peut signifier qu'ils souffrent de maladies très sérieuses.

- *Beau pelage :* S'ils n'ont pas un pelage similaire aux autres animaux domestiques, la plupart ont néanmoins des poils. Ceux qui n'en ont pas doivent avoir une peau brillante et non craquelée. Leur peau ne doit pas être terne.

- *Une queue en boucle serrée :* À l'exception des races ayant une queue droite, un porcelet en bonne santé devrait avoir une jolie queue en tire-bouchon.

- *Belle forme :* Lorsque vous examinez les porcelets, assurez-vous qu'ils ont une belle forme. Un cochon devrait avoir un long corps avec un dos légèrement creusé. Ils devraient avoir un torse large et leurs flancs doivent être légèrement arrondis tout en n'étant pas obèses. Vous devriez pouvoir sentir leurs côtes quand vous touchez les flancs du cochon.

- *Tétines bien formées :* Même si vous n'aviez jamais pensé à vérifier cela, il est important que votre cochon ait 12 à 14 tétines, qu'il soit de sexe mâle ou femelle. Les tétines doivent être bien formées et espacées de façon régulière. S'il y a moins de tétines ou si elles ont l'air malformées, cela peut être un signe de problèmes génétiques chez ce cochon.

- *Tempérament :* Il est important de toujours vérifier le tempérament de votre porcelet quand vous allez le voir. S'il montre des signes d'agressivité envers les autres porcelets, ou s'il est particulièrement nerveux et sauvage, alors vous devez choisir un autre porcelet de la portée.

Au bout du compte, il s'agit d'un choix personnel et même si vous avez une préférence quant à la couleur et au sexe du cochon, il est important de ne jamais choisir un porcelet en vous basant sur ces deux caractéristiques. Que votre cochon ait une vie heureuse et en bonne santé auprès de vous est beaucoup plus important que sa couleur.

### 3) Plusieurs cochons ou pas ?

La dernière chose que je souhaite examiner dans ce chapitre est de savoir si oui ou non vous devriez adopter plusieurs cochons nains. Si vous souhaitez démarrer l'élevage de cochons, ce dont je parle à la fin de ce livre, alors vous aurez sans doute besoin d'en posséder plus d'un. En revanche, si vous cherchez simplement un cochon nain pour animal domestique, alors vous pouvez vouloir choisir de n'en avoir qu'un seul.

Comme pour tout, il existe des avantages et des inconvénients à posséder deux cochons à la fois. En bref, tout dépend de la quantité de travail que vous êtes prêt à faire. Parce que les cochons sont sociables par nature, ils se sentent mieux dans une maison abritant plus d'un cochon. En général ils se tiennent compagnie et sont moins destructeurs parce qu'ils ont un autre cochon qui les divertit.

Cependant, un certain nombre de problèmes peuvent surgir lorsque vous possédez deux ou plusieurs cochons. Normalement, les cochons aiment avoir une hiérarchie dans la maison et ils se battent pour devenir le cochon dominant. L'un deux finira par le devenir et il peut tyranniser et combattre l'autre cochon. De plus, ils se bousculeront pour leurs positions dans la hiérarchie au cours des repas, ce qui peut conduire à beaucoup de pagaille.

Pour résumer, cela dépend vraiment du temps dont vous disposez. Deux cochons impliquent encore plus de corvées et même s'ils s'occupent mutuellement, ils ont besoin d'autant d'amour et de temps avec vous que ce que vous donneriez à un seul.

# Chapitre Cinq : Ramener votre cochon nain à la maison

Maintenant que vous avez choisi votre éleveur et ensuite votre porcelet, il est temps de vous préparer à le ramener à la maison. Pour commencer, il est important de noter que le ramener chez vous implique beaucoup d'autres choses. Il faudra obtenir des permis et vous devrez préparer un espace extérieur et un espace intérieur pour votre porcelet.

Dans ce chapitre, je rappellerai tout ce dont vous avez besoin pour préparer votre maison à la venue de votre porcelet. Nous verrons aussi comment rendre le trajet depuis l'éleveur jusqu'à la maison le moins stressant possible.

## 1) Les permis

Avant de faire le reste, asseyez-vous et faites des recherches sur votre région. C'est impératif si vous vivez dans une ville qui applique des restrictions à la possession d'animaux exotiques ou d'animaux de ferme. Certaines villes ont banni les cochons nains et si c'est le cas, il vaut mieux que vous le sachiez avant de choisir un porcelet.

Tous les pays sont différents, mais pour la plupart vous aurez besoin de certaines licences, que je vais détailler ci-dessous. Vérifiez que vous avez bien ces permis et ces licences avant d'aller chercher votre porcelet.

- ***CPH (County Parish Holding)*** *:* Il s'agit d'un numéro attribué à tout propriétaire d'un cochon, cochon nain ou pas, et qui peut être acheté à l'Agence britannique pour les paiements ruraux (Rural Payments Agency). Il est important de se souvenir que tous les pays ont des règlements différents, mais que dans la plupart, tous les cochons doivent correspondre à un numéro d'identification qui permet de les retrouver au cas où surviendrait une épidémie. Pour obtenir votre numéro, vous aurez besoin de donner une adresse, un numéro de téléphone et une liste de tous les cochons qui vivront chez vous. Un éleveur de cochons nains ne vous donnera pas de cochon tant que vous n'aurez pas les papiers originaux établissant que vous avez bien un numéro CPH.

- **Numéro de cheptel :** Il s'agit d'un numéro qui vous est attribué une fois que vous avez ramené votre porcelet à la maison. À ce moment-là, vous devrez avertir la direction des services vétérinaires que vous possédez un cochon sur votre propriété. Ils vous attribueront un numéro de cheptel, qui devra être fixé sur votre cochon au moyen d'une boucle d'oreille, d'un tatouage ou d'un tatouage temporaire si vous souhaitez enlever votre cochon de votre propriété.

- **Licence pour promener votre cochon :** Quand vous aurez un cochon de compagnie, vous aurez sans doute envie d'aller le promener.

Malheureusement, ce n'est pas aussi simple que de lui enfiler une laisse et de sortir. Les cochons doivent avoir une licence pour pouvoir quitter votre propriété. Comme le numéro de cheptel, la licence pour promener son cochon est attribuée par le service vétérinaire local et elle prend du temps. En général, lorsque vous demandez une licence, vous devrez donner un chemin de promenade préétabli. Les responsables de la santé publique s'assureront que ce chemin est sûr pour la santé de votre cochon et des autres animaux ou s'il existe un risque. S'il y a des risques, une route alternative sera proposée. De temps en temps, la licence n'est pas délivrée parce qu'il y a trop de risques. Soyez conscients que le fait de demander une licence ne signifie pas que vous allez l'obtenir.

Pour ramener votre cochon nain à la maison, vous devrez remplir un formulaire de transport et prendre quelques mesures nécessaires au transport de votre cochon dans de bonnes conditions. Bien que cela fasse partie des permis et licences, j'aborderai le sujet plus loin dans ce chapitre.

## 2) *Préparer votre maison*

Maintenant que les papiers administratifs nécessaires sont prêts, il est temps de préparer votre maison à accueillir le cochon. Cela peut être un défi, car le cochon nain étant un animal de compagnie relativement nouveau, il est difficile de se représenter le type d'espace dont aura besoin votre cochon.

Il ne faut surtout pas oublier que le cochon nain, même s'il est petit, reste un cochon. Un cochon nain aura besoin d'un large espace à l'extérieur et beaucoup d'éleveurs recommandent de garder vos cochons dehors. Bien sûr, cela n'est peut-être pas une option pour vous, en particulier si vous voulez faire rentrer votre cochon dans la maison.

Personnellement, je pense que les cochons sont de bons compagnons à la fois à l'intérieur et à l'extérieur de la maison. Le parfait compromis est de les laisser passer du temps dans la maison quand vous êtes chez vous ou réveillé, et de les mettre à l'extérieur quand vous n'êtes pas là pour les surveiller.

Parce que vous aurez besoin d'un endroit sûr pour votre cochon nain à l'intérieur de la maison comme à l'extérieur, nous allons examiner les deux espaces différents que vous devrez créer pour votre cochon. Il est important que tout soit prêt avant que le cochon arrive chez vous afin de ne pas lui causer de stress inutile. En effet, les cochons peuvent très vite tomber malades s'ils sont stressés.

**a)Préparer la pièce de votre cochon nain**

Le premier domaine que nous allons examiner concerne la préparation de la maison. Vous pourrez laisser votre cochon nain en liberté quand il sera plus grand, mais pour commencer il est important de le limiter à une seule zone jusqu'à ce que vous ayez fini de lui apprendre la propreté. Les cochons préfèrent que leur litière soit propre alors ils éviteront de faire leurs besoins à côté. Cela rend les choses plus faciles pour vous si vous gardez le porcelet dans une zone précise, puisqu'il est moins probable qu'il la salisse.

Je recommande de choisir une pièce où votre cochon peut avoir un peu de temps pour lui et ne se trouve pas au milieu du remue-ménage familial. En général une buanderie ou un vestibule sont idéaux pour deux raisons. Premièrement, la zone est assez facile à fermer. Deuxièmement, la zone est d'ordinaire assez facile à nettoyer dans le cas où votre porcelet aurait un petit accident.

Si vous n'avez pas d'endroit où votre porcelet peut dormir en sécurité, alors il est recommandé d'acheter un parc de jeu pour y mettre votre porcelet quand vous ne pouvez pas le surveiller. De plus, votre porcelet pourra y dormir pendant les deux premières semaines.

Même si votre porcelet va passer la plupart de son temps dehors, si vous l'adoptez alors qu'il est encore jeune, autour de 8 à 12 semaines, il vaut mieux le faire rentrer pour qu'il dorme en sécurité. S'il a trop froid, il peut devenir très malade donc gardez-le dans une pièce chaude pendant les premières semaines qu'il passe avec vous.

Quand vous préparez la chambre de votre porcelet, il est important de lui offrir une zone de sommeil propre et confortable. Des tapis, des couvertures ou tout ce dans quoi il peut s'enfouir font un bon choix. Les sacs de couchage semblent être une bonne idée parce qu'ils tiennent bien chaud, mais leur tissu glissant peut également refroidir votre porcelet.

Installez cela au fond de la pièce, loin du bac à litière. Si vous entraînez votre porcelet à faire ses besoins dans un bac à litière, installez-le aussi loin que possible de sa zone de sommeil. Le porcelet sera plus enclin à s'en servir dans ce cas, parce qu'ils détestent souiller leur zone de sommeil.

Dans un autre coin de la pièce, éloigné de l'espace de sommeil et du bac à litière, installez ses bols de nourriture et d'eau. Cela permettra de garder assez d'espace entre les trois parties principales de la pièce de votre cochon. En outre, assurez-vous que la pièce soit éloignée des courants d'air, car les porcelets peuvent très vite tomber malades durant les premières semaines.

Pour finir, vous devriez placer une caisse dans la chambre de votre cochon. Je recommande de placer les bols de nourriture dans ou près de la caisse pour que votre cochon s'habitue au fait d'y rentrer. En faisant de sa caisse sa zone de nourriture, il ne sera pas alarmé si vous devez le transporter dans sa caisse pour une quelconque raison. Ce sera un lieu familier où votre cochon sera content d'aller.

**b) Sécuriser votre maison**

Lorsque vous préparez la pièce de votre cochon, cherchez tous les objets qu'il va vouloir avaler. Mettez-vous à quatre pattes et observez la pièce depuis cette hauteur. Éliminez tous les petits débris qui vont lui paraître tentants.

En outre, ôtez tout ce que vous trouverez qu'il pourrait vouloir manger. Des choses telles que de petits jouets, de la nourriture, des vêtements, des chaussures, des appareils électroniques, en gros, tout ce qui pourrait sembler intéressant à manger pour un cochon. Rassemblez tous les fils et cordons et attachez-les ensemble, hors de portée de votre porcelet. Croyez-moi, quand il commencera à explorer sa nouvelle maison, sa bouche sera occupée à tout goûter, y compris le mobilier.

Souvenez-vous que votre porcelet explorera tout, donc il est important de mettre des verrous de sécurité sur les placards qui se trouvent à sa hauteur. Cela peut sembler surprenant, mais un cochon peut arriver à se faufiler partout s'il sent quelque chose qui lui paraît particulièrement appétissant.

Une fois que vous avez ramassé tout ce qui était à la portée de votre porcelet, examinez les surfaces sur lesquelles il devra marcher. En général, les cochons ont des difficultés à marcher sur des sols lisses comme le carrelage ou le parquet ce qui peut l'amener à se blesser lorsqu'il glisse sur le sol. Au lieu de le maintenir hors de ces pièces, couvrez temporairement les surfaces avec des tapis qui pourront être enlevés plus tard. En général, plus un cochon grandit, plus il aura des facilités à se déplacer sur les sols glissants.

Les escaliers ne posent pas souvent de problèmes aux jeunes cochons, mais plus votre cochon grandit, et plus il aura du mal à monter et descendre les marches, en particulier s'il commence à prendre du poids. Au lieu de vous en inquiéter quand il devient plus vieux, il est préférable d'installer des portillons autour des escaliers. Si vous devez monter ou descendre des marches pour sortir de la maison, je recommande d'installer une rampe d'accès pour votre cochon.

Pour finir, afin d'éviter tout verre cassé dans la pièce de votre cochon, n'utilisez que des bols en métal pour le nourrir. Votre cochon ne pourra pas le casser en le déplaçant et il ne pourra pas manger du plastique non plus. On trouve des bols en métal avec une surface antidérapante, ce qui empêche votre cochon de pousser son bol dans toute la maison.

La clé pour préparer votre maison à recevoir le porcelet est d'examiner chaque surface que votre cochon sera en mesure d'atteindre. Les cochons sont des animaux très curieux et ils sont constamment à la recherche de quelque chose à mâcher.

**c) Créer un enclos**

Parce que les cochons doivent passer beaucoup de temps dehors, il est important de disposer d'un espace sûr pour mettre votre cochon lorsqu'il est dehors. Il ne faut jamais mettre son cochon dans le jardin et le laisser seul, parce qu'il n'y sera absolument pas en sécurité.

Encore une fois, les cochons sont très curieux et leur groin est toujours à l'affût de quelque chose d'intéressant à déterrer. Malheureusement, le fouissement peut les mener au bord de la clôture et votre cochon apprendra vite comment sortir du jardin. Pour cette raison, il est important d'avoir un enclos séparé pour votre cochon nain lorsqu'il est dans le jardin sans vous.

La première chose pour tout enclos est évidemment la barrière. N'utilisez jamais une simple barrière de bois sauf si elle affleure parfaitement le terrain et que les clous sont résistants à la rouille pour éviter que les planches se détachent. L'idée est d'avoir une barrière faisant plus de 122 cm de haut (4 pieds) qui est enterrée dans le sol à une profondeur de 30 cm environ (1 pied). Cela pour deux raisons : premièrement, votre cochon nain n'arrivera pas à déterrer la barrière facilement et deuxièmement, la plupart des prédateurs ne pourront pas creuser sous la barrière pour atteindre votre cochon.

En règle générale, un enclos pour un cochon ordinaire devrait faire 2,45 m par 4,90 m environ (4 pieds par 8 pieds), toutefois les cochons nains peuvent avoir des enclos un peu plus petits, mais pas beaucoup plus petits. L'enclos ne doit pas être entouré de grillage, car un cochon peut mâcher le grillage et sortir très vite de son enclos. À la place, achetez des panneaux pour cochons qui sont fabriqués spécifiquement pour empêcher les cochons de s'échapper.

En plus d'une barrière solide, il est important d'avoir un abri pour votre cochon nain, qu'il dorme dehors ou non. L'abri doit être assez long et large pour lui permettre de se retourner, mais il n'a pas besoin d'être haut, sauf si vous voulez pouvoir y entrer avec votre cochon.

En général une structure en bois similaire à une niche pour chiens avec un plancher, des murs et un toit, est suffisante. Cependant, toutes les structures en bois doivent être recouvertes de grillage pour empêcher le cochon de mâchouiller le bois de l'abri.

À l'intérieur de l'abri, placez suffisamment de litière pour le garder au chaud. La paille fait une bonne litière pour l'abri, parce qu'elle fournit de la chaleur, mais les copeaux de bois sont souvent beaucoup plus faciles pour le nettoyage.

En plus de la litière, vérifiez l'emplacement de l'abri par rapport à votre jardin. Assurez-vous qu'il reçoit beaucoup de lumière directe du soleil et testez-le pour voir s'il n'y a pas trop de courants d'air. Plus votre porcelet est au chaud, plus il sera heureux.

Enfin, il vous faudra installer une mangeoire dans un coin de l'enclos et fournir un solide seau d'eau. Les cochons ont besoin de beaucoup de nourriture et d'eau au cours de la journée, alors assurez-vous qu'il ait accès aux deux quand il est dehors.

Même s'il peut être tentant de faire un abri et un enclos qui reflètent la taille de votre porcelet, il vaut mieux prendre votre temps et les faire assez grands pour un cochon nain de taille adulte. Cela vous fera économiser du temps et de l'argent sur le long terme. Cela réduira également la quantité de stress à laquelle votre cochon sera soumis, puisqu'il n'aura pas à se réhabituer à un nouvel espace plus grand.

## 3) Transporter votre cochon nain

En ce qui concerne le transport de votre cochon nain jusqu'à chez vous, cela implique quelques mesures de plus que de le mettre dans votre voiture et de rentrer chez vous.

Dans la plupart des pays, les cochons ne peuvent pas être transportés sans les licences appropriées. Il est important de vérifier avec votre service vétérinaire local ce dont vous avez besoin pour déplacer votre cochon et comment vous devriez le transporter.

Comme vous le savez, avant toute chose vous aurez besoin du numéro CPH (County Parish Holding). Il doit vous être attribué avant que le cochon soit ramené chez vous et permettra aux autorités de conserver une trace de votre cochon et de toute épidémie éventuelle.

Une fois que vous avez ce numéro, vous pouvez obtenir un formulaire de transport. Il peut varier selon le pays où vous vous trouvez, mais en Grande-Bretagne il s'agit du AML2, qui est un document de transport.

Quand vous aurez ce document, vous pourrez ramener votre cochon chez vous. Il est important de savoir qu'une fois que vous aurez déplacé votre cochon, vous devrez le garder sur votre propriété pendant un certain nombre de jours qui dépend de l'endroit où vous vivez. Pour la plupart des endroits, il faut attendre 20 jours avant que le cochon ait le droit de quitter votre propriété.

En outre, dès que vous déplacerez votre cochon à nouveau, vous devrez remplir un nouveau formulaire AML2 pour indiquer où votre cochon voyagera et combien de temps il restera dans cet autre lieu. Cela ne concerne pas les promenades, qui sont régies par le permis de promenade dont j'ai déjà parlé.

En dehors des papiers administratifs, il faut vous souvenir d'un certain nombre d'éléments concernant le transport de votre cochon, afin que son arrivée dans le nouvel environnement se passe au mieux.

Le jour de son transport, assurez-vous que vous avez une caisse sûre pour le voyage. Cela peut être une boîte, mais je recommande l'utilisation d'un panier de transport pour animal domestique pour que vous soyez certain que votre porcelet ne sortira pas de sa boîte.

Mettez-y plein de paille pour faire une litière, votre porcelet sera confortable et subira le moins de stress possible durant le trajet. Si vous effectuez un long trajet, ayez de l'eau à disposition. Je ne recommande pas de placer l'eau à côté de lui dans la caisse, car elle risque de se renverser et la paille deviendra alors inconfortable.

Si vous allez chercher votre porcelet très loin, il est important de prendre également de la nourriture. Il se peut qu'il ne veuille pas manger durant le voyage, mais il est nécessaire de lui proposer au cas où.

Rappelez-vous que durant votre trajet vous ne devrez jamais poser votre porcelet sur la route. Les permis vous autorisent seulement à déplacer le cochon depuis l'éleveur jusqu'à chez vous. Vous pourriez recevoir de sérieuses amendes et perdre votre porcelet.

Pendant le voyage, placez le panier dans un endroit stable de la voiture, afin qu'il ne se déplace pas si vous deviez freiner brusquement.

Pour finir, assurez-vous toujours que votre porcelet soit à l'abri de la lumière directe du soleil. Rappelez-vous que les porcelets peuvent vite avoir trop chaud et que la lumière du soleil qui passe à travers la vitre de la voiture peut être une véritable torture pour votre cochon.

En général, les porcelets s'adaptent bien au voyage et comme ils n'aiment pas souiller l'endroit où ils dorment, il est peu probable qu'ils fassent leurs besoins pendant le trajet.

## 4) L'arrivée à la maison

Comme je l'ai déjà dit, à partir du moment où vous arrivez chez vous, vous devrez y garder votre porcelet pendant les premiers 20 à 30 jours. Faites bien attention aux dates et ne sortez jamais votre porcelet avant que ce temps ne soit écoulé, même si vous obtenez un permis de promenade.

Quand vous arrivez chez vous, il est important de laisser le porcelet s'installer dans son nouvel environnement. Il sera très anxieux, en particulier parce qu'il a été séparé de sa mère et de sa fratrie. Vous ne créerez pas un lien affectif tout de suite, alors ne vous inquiétez pas s'il ne veut pas être près de vous. Donnez-lui simplement du temps pour s'adapter.

Posez-le dans son « espace » et ouvrez la caisse pour qu'il puisse sortir de lui-même. Ne tirez pas sur lui pour qu'il sorte, cela ferait plus de mal que de bien. Une fois que vous avez ouvert la caisse, éloignez-vous et laissez-le explorer tout seul.

Ne quittez pas la pièce, installez-vous assez près de lui au début, tout en ne forçant pas le porcelet à interagir avec vous. Servez sa nourriture et de l'eau et essayez de lui en offrir pour l'attirer vers vous.

Passez autant de temps que possible dans sa chambre pendant les premiers jours de son arrivée à la maison. Encore une fois, ne forcez pas le contact, mais caressez-le quand il passe devant vous. Utilisez la nourriture pour gagner sa confiance et gardez-le au calme et dans le silence.

Ne le présentez pas à vos autres animaux domestiques pendant les premiers jours, parce que vous devez d'abord gagner sa confiance avant de lui faire subir une autre source potentielle de stress. Les membres de la famille peuvent entrer dans la pièce avec vous quand votre porcelet commence à se sentir plus à l'aise dans son nouvel environnement. Toutefois, assurez-vous qu'ils obéissent aux mêmes règles que vous. Ne faites pas de bruit et laissez votre porcelet s'habituer aux autres par lui-même.

Il vaut mieux que les enfants attendent quelques jours avant d'entrer dans la pièce, parce que leur excitation peut facilement effrayer le porcelet.

Après quelques jours, votre porcelet aura davantage confiance en son environnement et il commencera à créer un lien affectif avec vous et les autres personnes que vous faites entrer dans la pièce. Cela demande de la patience, mais c'est très important pour réduire les facteurs de stress qui pourraient gêner le début de votre relation avec le cochon.

## 5) Liste de courses pour votre cochon

En ce qui concerne les fournitures, vous n'aurez pas besoin de grand-chose pour votre cochon. Ils ne sont pas comme d'autres animaux domestiques qui ont besoin d'installations compliquées. Mis à part un endroit agréable pour dormir et un enclos à l'extérieur, un cochon nain est heureux n'importe où.

Vous aurez besoin de quelques affaires que j'ai listées ci-dessous.

*Caisse de transport :* Elle est importante pour conduire le cochon nain chez vous, mais je recommande également de l'utiliser pour y faire dormir votre cochon quand il est à l'intérieur. Cela lui fera un endroit confortable pour dormir et vous pouvez enlever la porte pour qu'il n'y ait pas de risque qu'il s'enferme à l'intérieur. Assurez-vous que la caisse soit adaptée à la taille de votre cochon une fois qu'il sera adulte, parce qu'il n'y a aucune raison d'acheter une caisse différente après chaque poussée de croissance.

*Gamelles de nourriture et d'eau :* Il est important d'acheter des gamelles à nourriture et à eau pour l'intérieur et pour l'extérieur. Cherchez-en qui ne sont pas faciles à renverser et peu profondes, afin que votre porcelet puisse atteindre le fond. Beaucoup de cochons aiment renverser leurs gamelles de nourriture, alors assurez-vous que celle que vous achetez n'est pas facile à renverser.

**Harnais :** Même si beaucoup de gens aiment mettre un collier à leur cochon, il est plus sûr de lui acheter un harnais qui se fixe autour de son torse. Cela sert simplement lors des promenades, et vous devrez en acheter de nouveaux à mesure que votre cochon grandit.

**Laisse :** Une laisse standard de 2 mètres (standard en Grande-Bretagne : 6 pieds) est importante pour les promenades. Choisissez une laisse plate en nylon ou en cuir. N'utilisez jamais une chaîne en métal pour un cochon.

**Paille :** De la paille ou un autre type de litière sera nécessaire pour votre cochon. Il existe différents types de litière, tout dépend de vos préférences. Je trouve que la paille est agréable, elle maintient le cochon au chaud en plus d'être confortable. C'est aussi le choix le moins cher.

**Abri pour l'extérieur :** Vous pouvez acheter un abri pour votre cochon ou bien le fabriquer vous-même. Il faut un abri pour que votre cochon puisse se réfugier de la chaleur ou de tout autre mauvaise condition météo.

*Caisse à litière :* Certains cochons peuvent apprendre à utiliser une caisse à litière, sujet que j'aborderai plus tard, cependant, même si vous n'entraînez pas votre cochon à aller dans une caisse à litière, c'est une bonne idée d'en avoir une à disposition de votre porcelet.

*Une clôture sûre :* Quand votre cochon est dehors, il faut absolument qu'il y ait une clôture sécurisée pour lui. Souvenez-vous des conseils donnés dans la section Préparer votre maison.

*Gâteries :* Tout comme les chiens, les cochons nains peuvent apprendre avec beaucoup de facilité si on leur donne des gâteries pour les motiver. Assurez-vous d'avoir à la maison quelques gâteries de très bonne qualité au moment où le porcelet arrive chez vous.

C'est à peu près tout ce dont vous avez besoin pour commencer votre vie avec le porcelet. Si vous le maintenez à l'intérieur, achetez quelques barrières de sécurité pour enfants pour le garder loin des escaliers et hors des pièces que vous voulez lui interdire.

# *Chapitre Six : Sociabiliser votre cochon nain*

Un des domaines les plus importants pour un cochon nain épanoui concerne la sociabilisation. Un cochon nain a besoin d'être confronté à un certain nombre de stimuli et de personnes afin de devenir un cochon adulte confiant et en bonne santé.

Dans ce chapitre, je vais détailler les différents domaines de la sociabilisation, tels que créer un lien affectif avec votre porcelet et présenter votre porcelet à d'autres animaux et personnes.

## 1) *Créer un lien affectif avec votre porcelet*

Même si j'ai déjà un peu abordé le sujet dans le chapitre précédent, je voudrais m'y attarder plus en détail, car ce processus est crucial pour garantir une bonne relation avec votre cochon.

La première chose que je voudrais souligner est que chaque porcelet est différent. Ils ont tous des personnalités différentes, et certains s'adaptent mieux aux humains que d'autres. De plus, chaque type de race de cochon nain ou de cochon de compagnie possède un tempérament différent et ils peuvent prendre plus ou moins de temps pour créer un lien affectif.

Il est important de vraiment suivre les conseils de l'éleveur. Il ou elle comprendra la race du cochon que vous achetez et peut vous donner de nombreuses astuces pour faciliter le lien affectif.

L'élément clé pour créer un lien affectif avec votre cochon nain réside dans la sociabilisation. Il faut choisir un éleveur qui manipule et qui interagit beaucoup avec les porcelets pour garantir qu'ils font davantage confiance aux humains.

En tant que propriétaire, il est important de se rendre compte que lorsqu'il arrive chez vous, le porcelet a besoin de temps pour s'adapter. Il ne faudra commencer le processus de sociabilisation qu'après. Les porcelets sont en général très peureux, ce qui est naturel, et même lorsqu'ils ont été bien sociabilisés par l'éleveur, ils souffrent malgré tout de peur face à une nouvelle situation.

Même si c'est très tentant de commencer tout de suite l'entraînement et la routine de la vie quotidienne, il est important de se retenir. À la place, donnez quelques jours à votre porcelet pour s'adapter avant de s'attendre à ce qu'il ait le comportement voulu.

La création du lien affectif prend beaucoup de temps. Soyez donc préparé à ce que cela prenne plusieurs jours, voire plusieurs semaines. Il est important de passer quotidiennement du temps avec votre porcelet et de suivre une série d'étapes pour aider votre porcelet à s'habituer à vous.

*Jour Un :*

Le premier jour est toujours le plus stressant pour votre porcelet et il vaut mieux que vous vous contentiez de le ramener chez vous et de l'installer dans sa chambre.

Une fois qu'il est suffisamment détendu, asseyez-vous sur le sol avec lui. Restez assez loin de lui et laissez-le explorer la pièce sans l'interrompre.

Quand il est calme, sortez une petite gâterie et posez-la sur le sol à côté de vous. Assurez-vous que ce soit posé à distance de bras, pour que votre porcelet n'ait pas besoin de trop s'approcher de vous. Ne lui parlez pas, laissez-le simplement découvrir la nourriture.

Quand il commence à manger la nourriture, félicitez-le doucement, mais n'essayez pas de le toucher, sauf s'il est vraiment très calme. Faites cela pendant environ 15 minutes, plusieurs fois au cours de la première journée.

### *Jour Deux :*

Comme le premier jour, vous devrez entrer dans la pièce sans bruit et simplement vous assoir sur le sol. Observez votre cochon nain pour voir s'il est curieux de vous voir. Les porcelets peuvent être assez curieux, alors s'il a l'air de s'intéresser à vous, laissez-le explorer sans essayer de le toucher pour ne pas l'effrayer.

S'il n'est pas intéressé, posez de nouveau une gâterie à côté de vous. Cette fois-ci, vous pouvez la poser un peu plus près de vous. Regardez toutefois son langage corporel pour savoir si votre porcelet n'a pas peur d'aller la chercher si près.

Cette fois encore, parlez-lui doucement lorsqu'il trouve la nourriture et s'il a l'air calme, caressez-le doucement. Ne vous précipitez pas pour le toucher si vous avez l'impression que ça le stresse.

Le deuxième jour est un bon moment pour commencer à faire entrer les autres membres de la famille dans la pièce. Les adultes peuvent entrer seuls, tant qu'ils suivent les étapes de création de la relation. Les enfants en revanche ne devraient jamais être laissés seuls avec le porcelet. Prévoyez une activité calme à faire avec eux pendant que le porcelet se déplace autour d'eux.

*Jour Trois :*

Si tout se passe bien, à partir du troisième jour vous devriez commencer à créer un lien avec votre porcelet. Il devrait être à l'aise en votre présence et pourrait même venir vous renifler quand vous entrez dans la pièce.

Commencez à nouveau par vous assoir, mais approchez la nourriture de vous quand vous nourrissez votre porcelet. Si vous arrivez à l'inciter à manger la nourriture dans votre main, le troisième jour est le bon moment pour essayer.

Lorsqu'il finit par prendre la nourriture, essayez de gratter votre porcelet sous le menton avec le bout des doigts ou approchez doucement votre autre main pour toucher son flanc. Ne passez pas votre main au-dessus de lui, car cela peut l'effrayer.

Lorsque vous caressez votre porcelet, observez sa réaction. S'il semble très nerveux et résiste à votre contact, attendez simplement le jour suivant pour essayer à nouveau. Souvenez-vous que cela peut être un processus très lent.

Lorsque vous êtes avec votre porcelet, il est important de ne pas toujours lui offrir de la nourriture. Passez cinq ou dix minutes dans la pièce en vous asseyant simplement avec lui et offrez-lui une gâterie la fois suivante seulement. Si vous le gâtez trop, votre porcelet vous demandera de la nourriture chaque fois qu'il vous verra.

### Jour Quatre :

Le quatrième jour est similaire au troisième. Incitez simplement votre porcelet à se rapprocher de vous et essayez de le toucher et de le caresser. Continuez à utiliser une voix douce et ne soulevez pas votre porcelet, même si c'est extrêmement tentant.

Les cochons préfèrent garder les quatre pattes au sol, et cela peut être très stressant pour votre porcelet si vous essayez de le soulever et de lui faire un câlin.

Une fois qu'il s'est habitué à vous, vous pouvez essayer de le faire venir s'assoir sur vos genoux. Cela doit être fait très lentement et il vaut mieux prendre une couverture dans laquelle il a dormi pour la placer près de vous.

Après quelques jours, vous pouvez commencer à déplacer la couverture pour la poser entre vos jambes afin que le cochon soit assis au sol près de vous. C'est un signe que votre cochon nain commence à vous faire confiance et qu'il sera bientôt assis sur vos genoux.

En plus de passer du temps avec votre cochon, vous pouvez commencer à agrandir un peu plus son univers. Au cours des premiers jours, il vaut mieux le garder confiné dans sa chambre, toutefois, au quatrième jour, vous pouvez lui donner accès à une pièce supplémentaire. Pensez à garder la pièce au calme lorsqu'il s'y aventure et laissez-lui le temps de l'explorer par lui-même. Si vous avez d'autres animaux domestiques, assurez-vous qu'ils n'ont pas accès à votre porcelet lorsqu'il commence à explorer une nouvelle pièce. En effet, cela pourrait conduire à une situation très stressante et potentiellement dangereuse.

### Jour Cinq :

Au cours du cinquième jour, vous pouvez commencer à davantage manipuler votre porcelet s'il s'habitue à vous. Au lieu de le gratouiller simplement lorsque vous l'attirez avec de la nourriture, essayez de le faire quand vous n'avez pas de nourriture dans la main.

De plus, s'il est réceptif au fait d'être manipulé, mettez-le sur vos genoux et laissez-le s'y coucher. Assurez-vous de bien avoir posé sa couverture sur vos genoux. Votre porcelet se sentira plus à l'aise s'il y a quelque chose de familier sur vos genoux.

Continuez à lui parler au cours du processus, afin que votre porcelet se familiarise avec vous et commence à construire ce lien que vous espérez.

Le processus devrait être poursuivi pendant plusieurs jours ou semaines. Faites bien attention à passer lentement d'une étape à l'autre une fois que votre porcelet est à l'aise. S'il a l'air de résister à une étape, prenez votre temps pour l'introduire.

Une fois que votre porcelet est à l'aise sur vos genoux, vous pouvez aller jusqu'à l'entourer de vos bras et puis le soulever très lentement en le berçant dans vos bras. Il est essentiel de faire cela lentement et cela peut prendre plusieurs semaines avant que vous puissiez le soulever sans qu'il soit stressé.

Un signe évident du stress de votre cochon est lorsqu'il commence à crier. Lorsqu'il fait cela, assurez-vous qu'il crie parce qu'il est extrêmement stressé. Si c'est plutôt une plainte parce qu'il est manipulé et non pas une réaction de peur, essayez de continuer en le réconfortant avec votre voix. S'il crie de stress, et croyez-moi, vous verrez la différence, reposez-le.

La raison principale pour ne pas le reposer lorsqu'il ne fait que se plaindre est qu'un porcelet apprendra très vite qu'il peut obtenir ce qu'il veut avec quelques cris. Le reposer alors créera une habitude à vie chez votre cochon.

Il est important de tenir votre porcelet de la bonne façon lorsque vous le soulevez pour réduire la quantité de stress à laquelle il est exposé. Tenez-le toujours dans le creux de votre bras. Placez un bras autour de son cou et de son torse de manière à ce que ses pattes avant soient derrière votre bras. Avec l'autre bras, passez autour de sa croupe et appuyez la main sur son flanc en le collant contre vous. En le portant de cette façon, il se sentira en sécurité et sera moins enclin à se débattre et à crier pendant que vous le tenez.

Durant la période où vous créerez un lien avec votre porcelet, il faudra prendre votre temps. Ne vous précipitez pas et ne vous appuyez pas uniquement sur la nourriture pour attirer l'attention de votre cochon nain. De plus, ne vous asseyez pas à chaque fois que vous entrez dans la pièce. Votre porcelet va devoir s'habituer à ce que vous vous déplaciez autour de lui et fassiez autre chose. Allez donc travailler dans la pièce, en faisant le nettoyage ou bien en vous occupant d'autre chose pendant que votre porcelet se promène autour de vous.

Enfin, ne commencez jamais l'éducation de votre porcelet avant d'avoir créé un lien affectif avec lui et avant qu'il se sente bien avec vous. Si vous commencez trop tôt, vous pouvez détruire le lien que vous avez si difficilement essayé de créer.

## 2) Présenter votre cochon nain aux autres animaux domestiques

Une des choses sur lesquelles j'ai insisté tout au long de ce chapitre est que tout est très effrayant pour un porcelet lorsqu'il arrive dans sa nouvelle maison.

Tout doit être contrôlé afin de le stresser le moins possible et d'aider à renforcer le lien entre vous.

Malheureusement, si vous avez un autre animal domestique, vous pouvez perdre quelque peu le contrôle de la situation, en particulier si l'animal renifle et s'agite à la porte de la pièce où se trouve votre porcelet.

Il faut garder à l'esprit que les cochons ont tendance à être des animaux dominants et ils peuvent devenir le cochon dominant des autres animaux. Ce n'est pas quelque chose que vous pouvez contrôler parce que les animaux d'une maison établissent leur propre hiérarchie, sans tenir compte de ce que veulent les humains.

Lorsque vous présentez votre porcelet aux autres animaux de la maison, faites-le de façon progressive. Attendez que votre porcelet se soit habitué à son environnement puis autorisez vos autres animaux à renifler autour de la porte. Le porcelet va s'habituer aux bruits et aux odeurs de l'autre côté de la porte, tandis que vos animaux peuvent commencer à perdre de l'intérêt pour ce qu'ils sentent.

Lorsque votre porcelet a l'air calme, installez une barrière pour enfants afin que vos animaux puissent se voir à travers la barrière. Laissez d'abord le porcelet s'habituer à la porte ouverte, puis autorisez votre autre animal à s'approcher du portail. Laissez-les se renifler à travers la barrière.

Continuez pendant quelques jours puis autorisez les animaux à être dans la même pièce. Si vous avez un chien, gardez-le en laisse et maintenez-le en position couchée pendant que le porcelet se déplace autour de lui. Laissez le porcelet initier le contact, puis laissez au chien la possibilité de renifler le cochon.

Les choses peuvent être différentes pour les chats, car ils font souvent connaissance avec les autres animaux par eux-mêmes. Permettez à votre chat de s'assoir en hauteur et surveillez le porcelet. Restez près d'eux afin d'éviter toute confrontation qui pourrait effrayer votre cochon nain.

Limitez l'accès qu'ils ont les uns aux autres pendant les premiers jours, puis augmentez le temps qu'ils peuvent passer ensemble. Il est important de ne jamais laisser deux animaux seuls ensemble avant qu'on puisse leur faire entièrement confiance.

## 3) Présenter votre cochon nain à d'autres personnes

J'en ai déjà parlé dans la section sur la création du lien affectif, mais votre cochon nain sera en contact avec des personnes extérieures à la famille. Il va devoir s'habituer à être approché par des gens qui ne le connaissent pas et il devra s'habituer aux gens qui entrent dans la maison.

La majorité du travail de sociabilisation sera centré autour de la maison, mais il est important de commencer à inviter du monde dans votre maison pour rencontrer votre nouveau porcelet.

Parce que les 20 à 30 premiers jours seront passés à la maison avec votre cochon, il est important de commencer à inviter des gens à entrer dans la maison au bout de la première semaine ou semaine et demie après l'arrivée de votre porcelet. Ne les laissez pas entrer le jour de l'arrivée de votre cochon nain, car cela peut induire un stress très important chez votre cochon nain.

Commencez avec une personne et faites-la entrer et rencontrer le cochon de la même façon que vous l'avez fait au début. Assurez-vous que cette personne s'assoie sur le sol et laissez le porcelet s'approcher de sa propre initiative.

Donnez quelques gâteries pour que votre invité puisse inciter le porcelet à s'approcher puis il pourra gratouiller le cochon calmement derrière les oreilles ou sur le flanc. Si le porcelet a l'air contrarié par le contact, demandez à votre invité de rester en arrière et d'ignorer le porcelet.

S'ils préfèrent ne pas s'assoir sur le sol, proposez-leur une chaise et laissez le porcelet s'approcher. Assurez-vous qu'ils tendent le bras vers le bas d'abord puis vers le porcelet, afin de ne pas passer directement au-dessus de lui pour le caresser, ce qui peut l'effrayer.

Une fois que votre porcelet est habitué à une personne, invitez deux personnes à entrer et à nouveau, faites-les s'assoir et répétez le processus. Continuez à faire cela en ajoutant plus de personnes au groupe, jusqu'à ce que votre porcelet soit à l'aise en rencontrant de nouvelles personnes.

# Chapitre Sept : Nutrition et votre cochon nain

Maintenant que votre cochon nain est à la maison et que vous avez commencé à le sociabiliser, vous vous demandez peut-être ce qu'il doit manger.

Avant de commencer à acheter des gâteries pour votre cochon nain, je veux insister sur le fait que même si les cochons sont souvent décrits comme les poubelles du monde animal, ils ne doivent jamais être nourris uniquement de restes et de « drêches ». De plus, certains aliments sont mauvais pour votre cochon et il existe des lois qui interdisent de nourrir son cochon exclusivement de restes de repas humains.

Au-delà des lois, nourrir votre cochon nain de cette manière est mauvais pour sa santé et conduira à de nombreuses visites coûteuses chez le vétérinaire. Cela peut même réduire l'espérance de vie de votre cochon.

Nous pourrions examiner la nourriture dans son ensemble, mais je trouve plus facile de la classer sous forme de repas quotidiens, gâteries de dressage et en-cas occasionnels.

## 1) *Repas quotidiens de votre cochon nain*

Avant d'examiner la nourriture, je souhaite insister sur un point : ne nourrissez jamais, vraiment jamais, votre porcelet pendant qu'il crie. Ceci pour la même raison que vous ne devez pas le reposer à terre s'il crie un peu. Un cochon nain apprendra vite que plus il fait de tapage, plus vous le nourrissez vite.

Attendez qu'il ait fini de crier avant de poser sa nourriture ou préparez sa gamelle dans une autre pièce et ne le faites entrer que lorsque tout est déjà prêt. Croyez-moi, céder à un cochon qui crie ne fait qu'empirer les choses pour vous à long terme.

Lorsque vous choisissez de la nourriture pour votre cochon nain, tenez compte des éléments suivants :

*Qualité :* Ne choisissez pas la nourriture la moins chère et cherchez-en une contenant une gamme de graines, fruits et légumes bons pour la santé. N'utilisez jamais de nourriture pour cochons contenant des traces de viande. Les cochons ne doivent pas manger de viande, car elle est mauvaise pour leur santé, bien qu'ils soient omnivores.

*Haute teneur en fibres :* Même si votre cochon adorera tous les extras, il est important de trouver une nourriture avec une haute teneur en fibres pour une santé optimale de votre cochon.

*Légumes :* Même si j'en ai déjà parlé, il faut chercher une nourriture dont les légumes apportent une bonne partie des calories journalières de votre cochon. En général, les légumes devraient représenter 25 % du régime de votre cochon.

*Faible en calories :* Trouvez une nourriture avec une faible teneur en calories pour votre cochon, car il ne faut pas qu'il grossisse trop vite. Les cochons mangent beaucoup de nourriture au cours de la journée, simplement en fouillant et en retournant la terre, donc ne vous inquiétez pas, il aura assez de calories.

En ce qui concerne les choses à éviter dans la nourriture de votre cochon, je souhaite les mettre brièvement en évidence.

*Graisse :* Un peu de graisse c'est très bien, mais cela ne devrait pas représenter plus de 15 % du régime de votre cochon. Évitez les nourritures trop grasses et assurez-vous qu'il n'y a pas de graisses animales, car elles peuvent causer des problèmes de santé chez votre cochon nain.

*Sel :* C'est un autre ingrédient qui peut conduire à de sérieux problèmes de santé chez votre cochon nain. Vérifiez la présence de sel ou de dérivés du sel dans la liste des ingrédients.

*Enrichi :* Oui, nous recherchons de la nourriture enrichie dans le bon sens, mais il faut éviter toute nourriture enrichie pour la croissance du cochon. Ce type de nourriture est élaboré dans le but de faire prendre du poids rapidement et il est en général utilisé dans les porcheries qui veulent que les cochons grossissent vite pour leur viande. Les nourritures à éviter sont celles qui portent le nom de « starter », « maintenance », « croissance », car elles sont grasses et caloriques et vont accélérer la croissance de votre cochon.

*Nourriture pour animaux domestiques :* Vous devrez acheter une nourriture destinée spécifiquement aux cochons domestiques, ne leur donnez jamais d'aliments pour chiens ou chats. En fait, ne donnez jamais d'aliment pour animaux qui ne se destine pas spécialement aux cochons, car il n'aura pas les valeurs nutritionnelles nécessaires pour un cochon en bonne santé.

La meilleure nourriture pour votre porcelet est celle qui est élaborée pour les cochons domestiques. Je vous conseille de demander l'avis de votre vétérinaire ou de l'éleveur en ce qui concerne les marques appropriées. Un certain nombre de marques peut être trouvé dans des commerces de nourriture animale et en ligne. Cependant, on ne les trouve pas dans tous les pays donc vérifiez ce qui est disponible pour vous.

## 2) Nourrir votre cochon nain

Concernant les repas quotidiens, votre cochon nain vous semblera avoir besoin de portions généreuses. Après tout, les cochons sont connus pour leur graisse, donc vous pouvez avoir l'impression qu'il faut les nourrir abondamment au cours de la journée.

En général, un cochon nain va fouir à la recherche de nourriture tout au long de la journée et passera une partie de sa journée à manger de l'herbe. En mangeant constamment, votre cochon recevra aisément toutes les calories dont il a besoin. Avant de donner quoi que ce soit à votre cochon, il est important de savoir que les conseils nutritionnels qui figurent sur la plupart des aliments pour cochons commerciaux sont inadaptés aux cochons nains.

En général, vous ne devriez nourrir votre cochon qu'à hauteur de 2 à 2,5 % de son poids par jour. Cela revient à environ 125 ml de nourriture pour 11,3 kilos de cochon (½ tasse pour 25 livres). Votre cochon devrait recevoir un repas par jour et le reste de son apport en calories doit être assuré par le broutage et les en-cas. Les jeunes porcelets peuvent recevoir de la nourriture « starter » pour les calories supplémentaires ; cependant, ils doivent en être sevrés à l'âge de 3 mois.

Outre les aliments pour cochons, votre cochon doit avoir l'opportunité de brouter de l'herbe et de fouir dans la terre. Cela lui assure un apport en calories adapté et constitue également une bonne source de sélénium, les cochons ayant souvent des carences à ce niveau. Si votre cochon n'a pas accès à de bons espaces d'herbe et de terre, vous devriez consulter votre vétérinaire au sujet de suppléments minéraux.

Quand vous nourrissez votre cochon nain, prenez le temps de vérifier son poids de façon régulière. Vous n'aurez pas besoin de le peser constamment, mais observez-le et regardez s'il a des plis importants autour de la tête. En outre, vérifiez la quantité de graisse autour de ses hanches. La règle générale est que s'il présente des plis excessifs sur le visage et que vous ne pouvez pas sentir l'os de la hanche, alors votre cochon nain est obèse et doit faire un régime.

Même si vous pouvez diviser le repas de votre cochon pour en faire deux, je trouve que c'est mieux de laisser le cochon brouter le matin et de le nourrir l'après-midi. Cela garantit qu'il reçoit assez de nourriture, mais pas trop. Rappelez-vous que les cochons ne s'arrêteront pas de manger, même lorsqu'ils n'ont pas faim.

## 3) Gâteries et collations pour votre cochon nain

Les gâteries sont merveilleuses pour votre cochon nain et elles s'utilisent parfaitement dans le cadre du dressage en renforcement positif, dont je parlerai dans la section suivante.

Lorsque vous donnez des gâteries à votre cochon, vous devez vous souvenir de ce qui suit.

1. Tenez compte des gâteries dans l'apport quotidien de calories de votre cochon. Rappelez-vous que les gâteries ajoutent des calories au régime de votre cochon et qu'elles peuvent participer à rendre votre cochon obèse. Ne donnez pas trop de gâteries, car cela peut conduire à de nombreux problèmes de santé.

2. Limitez le nombre de gâteries par jour. Même si nous adorons gâter nos cochons, ces derniers peuvent

être terriblement quémandeurs et plus vous leur donnez de gâteries, plus ils seront en demande.

3. Ne lui donnez jamais de la nourriture directement depuis le frigo ou le placard. Le cochon est un animal très intelligent, particulièrement en ce qui concerne la nourriture. Si votre cochon apprend que la nourriture se trouve dans un placard à sa portée ou dans le frigo, il ira se servir quand il voudra. Et croyez-moi, un cochon peut très vite apprendre à ouvrir un frigo.

En général, un cochon nain mange à peu près n'importe quelle sorte de gâterie et devrait recevoir environ 25 % de sa nourriture quotidienne sous forme de légumes. Cela fonctionne le mieux si vous offrez ces légumes sous forme de collation. Enterrez-les dans un bac à sable pour que votre cochon aille les chercher en s'occupant l'esprit et reçoive l'apport nécessaire en légumes.

Les gâteries et les collations pour votre cochon :

*Légumes :* Déjà mentionnés, tout type de légume est bon pour votre cochon nain. Je vous recommande d'éviter les légumes comme gâteries pour le dressage, car ils ne sont pas faciles à mâcher et il faut parfois interrompre le dressage pour que votre cochon puisse finir de mâcher.

*Fruits :* Les cochons nains adorent les fruits parce qu'ils sont sucrés. En fait, ils peuvent tellement aimer les fruits qu'ils évitent alors de manger des légumes. Les fruits devraient être donnés moins fréquemment sous forme de collation. Les fruits mous sont une option idéale pour les gâteries de dressage. Si vous les utilisez pour le dressage, faites des morceaux équivalents à une bouchée.

*Céréales :* Une autre gâterie parfaite pour le dressage. Les céréales font exactement la bonne taille et ont l'avantage d'apporter plus de fibres à votre cochon. En plus des gâteries, si vous ajoutez un peu de son dans la nourriture de votre cochon, il recevra plus de fibres au cours de la journée, ce qui est toujours une bonne chose.

*Fromage :* Même s'il devrait être donné avec modération, j'ai remarqué que les cochons nains adorent le fromage. Cela ne devrait être utilisé que pour le dressage et en très petites quantités. Coupez-les bien en portions d'une bouchée pour le dressage.

*Luzerne :* La luzerne est une bonne source de fibres et de verdure et je recommande de l'ajouter à l'alimentation quotidienne de votre cochon.

En ce qui concerne les cochons individuels, vous verrez qu'il préfère certaines choses à d'autres. Essayez différents types de nourriture pour voir ce qui peut le motiver lors du dressage. Une fois que vous avez une liste, essayez d'ajouter de nouvelles gâteries pour votre cochon et alternez-les pour lui offrir un peu plus de variété.

Certains types de nourriture doivent être évités, tels que :

- *Chocolat :* Même si cela n'est pas confirmé, le chocolat a été lié à plusieurs risques pour la santé du cochon. Même si ce n'est pas mortel, le chocolat contient une grosse quantité de sucre, ce qui peut conduire à l'obésité de votre cochon.

- *Pommes de terre :* Tous les types de pommes de terre, depuis les patates douces jusqu'aux pommes de terre nouvelles sont mauvaises pour votre cochon. En effet, elles contiennent beaucoup d'amidon et de calories et peuvent rendre votre cochon obèse.

- *Maïs :* Comme les fruits, le maïs contient beaucoup de fructose et il peut induire des problèmes de poids et de santé chez votre cochon.

- *Tomates :* La forte acidité des tomates les rend mauvaises pour votre cochon.

- *Épinards :* Ils contiennent beaucoup de vitamines, mais aussi beaucoup de sodium. Le sel doit être évité dans l'alimentation du cochon.

- *Sucreries :* Vous n'avez rien à gagner à offrir des sucreries à votre cochon et si vous le faites, il commencera à vous en réclamer. Les calories supplémentaires, les sucres et les autres produits présents dans les bonbons sont mauvais pour la santé de votre cochon.

En dehors des éléments listés ci-dessus, la plupart des types de nourriture sont adaptés aux cochons. Si vous avez un doute, évitez de lui donner. Votre cochon ne regrettera pas quelque chose qu'il n'a jamais goûté.

Pour l'alimentation de votre cochon nain, le principe est de lui donner suffisamment d'en-cas pour aider son apport en calories, de lui donner plein de temps pour brouter et de lui donner le reste de son apport en calories sous forme d'une petite quantité de nourriture.

Indépendamment de ce que vous donnez à manger à votre cochon, il est impératif qu'il ait accès en permanence à de l'eau fraîche. Il peut être tentant d'offrir autre chose que de l'eau à votre cochon, comme du jus de fruits par exemple, mais si vous en faites une habitude, il le réclamera et ne voudra plus boire d'eau.

# *Chapitre Huit : Le dressage de votre cochon nain*

Le dressage d'un cochon nain ressemble au dressage d'un chien. Ils sont en général très intelligents et sont motivés par la nourriture. Le dressage en renforcement positif obtiendra donc les meilleurs résultats.

Un cochon nain peut apprendre la plupart des instructions qu'un chien peut apprendre. En outre, ils peuvent être plutôt doués pour un certain nombre de tours et certains ont même appris à pratiquer l'agility (un sport canin).

Pour le dressage, l'essentiel est de trouver une gâterie que votre cochon adore puis de le faire travailler pour l'obtenir. Une fois qu'il comprend que le travail apporte la nourriture, il sera plus enclin à apprendre.

Dans ce chapitre, nous regarderons quelques instructions basiques que vous pouvez apprendre à votre cochon nain et nous examinerons l'apprentissage de la propreté et l'utilisation de la laisse.

## 1) Instructions basiques

Même si votre cochon va essayer de prendre le
contrôle de la maison, il est important de lui
apprendre quelques instructions afin qu'il sache que
vous êtes le chef dans la maison.

Une chose que je souhaite souligner concernant les
gâteries pendant le dressage est qu'il ne faut jamais
lui donner une gourmandise s'il est en train de crier.
Il apprendra alors que crier revient à obtenir de la
nourriture et oubliera qu'il a obtenu cette gâterie
parce qu'il avait obéi à une instruction.

### a) Assis

Assis est facile à apprendre et je vous recommande de
lui apprendre à un endroit où votre cochon finira
avec le dos contre le mur. Si vous le faites en plein air,

votre cochon continuera simplement à reculer pour voir la gâterie.

Commencez en faisant face à votre cochon qui a le dos en direction du mur. Tenez une gâterie dans votre main et dites « assis, cochon ». Levez la main et passez-la au-dessus de sa tête, il devra s'assoir pour suivre la gâterie des yeux.

Quand son derrière se pose au sol, dites « bien assis, cochon » et donnez-lui la gâterie. Répétez l'exercice jusqu'à ce qu'il s'assoie sans que vous ayez besoin de le guider.

**b) Couché**

Placez votre cochon en position assise et dites « couché, cochon » avant de baisser la gâterie jusqu'au sol et de l'éloigner du cochon. Il sera obligé de s'allonger pour attraper la récompense.

Une fois qu'il est en position, dites « bien assis, cochon » et gâtez-le. Caressez-le pour qu'il sache que c'est bien d'être allongé.

## c) Viens

Une instruction très simple à lui apprendre quand vous avez de la nourriture, mais le cochon ne viendra pas à chaque fois si vous n'en avez pas. Cela peut prendre du temps, mais votre cochon finira par apprendre que s'il vient il obtiendra une récompense, sous la forme de flatterie ou de nourriture.

Attendez que votre cochon se soit éloigné de vous et accroupissez-vous à sa hauteur. Sortez la gâterie et commencez à l'appeler : « viens, cochon ». Attirez son attention en lui montrant la nourriture et lorsqu'il vient en courant pour la prendre, dites « bien, viens, cochon » avant de la lui donner.

Quand vous lui apprenez à venir, touchez-le pour qu'il apprenne que vous pouvez l'appeler pour le manipuler. Si vous ne le touchez pas, il pourra apprendre à vous éviter quand il vient ce qui n'est pas souhaitable.

Comme vous pouvez le voir, le dressage d'un cochon nain ressemble à celui d'un chien et utilise les mêmes techniques et instructions. L'essentiel est d'utiliser de la nourriture pour placer votre cochon dans la position voulue et pour le récompenser. Toutefois, ne commencez jamais le dressage avant d'avoir créé un lien avec lui.

## 2) *La laisse*

Dresser votre cochon à accepter le harnais peut être
facile ou difficile, cela dépend vraiment de comment
vous l'abordez avec votre cochon. Si vous
commencez avant que votre cochon vous fasse
confiance, alors cela créera des problèmes avec le
dressage pour la laisse et votre cochon nain pourrait
bien ne jamais vraiment l'accepter.

Avant de commencer le dressage avec une laisse,
vous devez être sûr qu'il est prêt pour cela.
Commencez par toucher ses oreilles et sa tête puis
son corps. S'il est à l'aise pendant que vous le
touchez, alors il est prêt à apprendre à marcher tenu
en laisse. S'il n'est pas à l'aise, alors vous devrez
revenir au chapitre sur la sociabilisation et continuer
le processus ainsi que la création d'une relation avec
votre cochon.

Lorsqu'il est prêt à porter un harnais, il est important
de ne pas le forcer à le porter. Commencez par lui
montrer le harnais et laissez-le le renifler et l'explorer
par lui-même. Parlez-lui d'une voix apaisante
pendant qu'il l'explore, afin qu'il apprenne à ne pas
en avoir peur.

Quand il s'est familiarisé avec le harnais, touchez
doucement son corps avec. Ne le lui enfilez pas,
laissez-le simplement s'habituer au contact du

harnais sur sa peau. S'il fuit le harnais, arrêtez pour la journée et réessayez le lendemain.

Si vous pouvez le toucher avec le harnais sans l'effrayer, il est temps de lui enfiler. Le meilleur type de harnais pour un cochon nain est un harnais en forme de H, qui se fixe autour de son cou et de son ventre, au lieu d'avoir une boucle qui s'enfile par-dessus ses oreilles et son visage.

Placez de la nourriture sur le sol pour distraire votre cochon nain puis placez doucement le harnais sur lui. Apaisez-le avec votre voix pendant que vous l'attachez puis lâchez-le. Si le cochon commence à paniquer, essayez d'attirer son attention avec une gâterie et évitez de lui enlever le harnais. S'il devient terrifié, enlevez le harnais et réessayez un autre jour.

Continuez à habituer votre cochon au harnais tout au long de la semaine, jusqu'à ce qu'il soit très à l'aise quand on lui met et quand il le porte pendant une courte période.

Quand il est à l'aise, vous pouvez fixer la laisse au harnais. C'est en général le moment où votre cochon se débattra le plus, car cela signifie qu'il est restreint, ce qui est stressant pour un cochon.

Au lieu de tenir la laisse, laissez la traîner au sol. Restez près de votre cochon pour que la laisse ne s'accroche pas n'importe où, donnez-lui beaucoup de gâteries et flattez-le pendant qu'il la porte.

Répétez cela plusieurs fois jusqu'à ce qu'il soit habitué au poids et à la résistance de la laisse. Quand il est habitué, ramassez la laisse et suivez le cochon partout où il va. À ce stade, ne tirez jamais sur la laisse, mais créez un tout petit peu de tension pour qu'il sache qu'il n'est pas retenu, mais que quelque chose se passe. Donnez-lui beaucoup de gâteries et de latitude pour se mouvoir.

Encore une fois, l'entraînement à la laisse est un processus lent et vous devriez laisser plusieurs jours à votre cochon nain pour qu'il s'adapte à cette étape du dressage. Lorsqu'il est prêt, vous pouvez commencer à tirer un peu sur la laisse.

Commencez par tirer légèrement sur la laisse et appelez-le. Dès qu'il vous regarde, donnez-lui une gâterie et encouragez-le à se rapprocher de vous. Répétez jusqu'à ce qu'il soit à l'aise avec cette étape.

L'étape suivante est de commencer à marcher avec lui en laisse, en allant dans la direction que vous voulez qu'il prenne. Commencez par tirer sur la laisse et par l'attirer avec des gâteries afin qu'il fasse quelques pas avec vous. Lorsqu'il le fait, donnez-lui des gâteries et complimentez-le. Répétez l'exercice en augmentant à chaque fois le nombre de pas que vous faites.

À ce stade, votre cochon apprendra que la laisse le maintient près de vous et que tant qu'il vous suit, il ne sera pas retenu par la laisse. Il se peut que vous deviez continuer à le gâter pendant les premières semaines de promenade, jusqu'à ce qu'il apprenne à suivre et non à mener. Il finira par apprendre comment faire.

Quand vous le dressez pour la promenade en laisse, il est très important que vous n'exposiez pas votre cochon nain à des situations stressantes. Les cochons ont une très bonne mémoire et s'ils ont une mauvaise expérience alors qu'ils sont en laisse, ils s'en souviendront à vie et ne seront jamais bien entraînés à la promenade en laisse.

## 3) *Apprendre la propreté à votre cochon nain*

Comme pour tous les animaux domestiques qui entrent dans la maison, il est très important d'apprendre à votre cochon nain qu'il doit faire ses besoins dehors ou dans un bac à litière.

Un des avantages des cochons nains est qu'ils sont généralement très propres. Les cochons nains vont éviter de faire leurs besoins à l'endroit où ils mangent ou dorment. Ils apprennent donc facilement que la maison est le grand endroit où ils dorment et qu'ils ne doivent pas la souiller.

Souvenez-vous, comme pour tout dressage de votre cochon nain, cela doit commencer doucement par des étapes lentes et progressives. Si vous le poussez trop vite au dressage, ou si vous l'intimidez pour le dresser, vous verrez que votre cochon va se fermer et que le lien que vous avez si patiemment construit avec lui est détruit.

### a) Entraînement au bac à litière

Si vous souhaitez que votre cochon utilise un bac à litière, alors vous devrez commencer par maintenir votre cochon dans un espace restreint au lieu de lui laisser l'accès au reste de la maison. Cela doit être maintenu jusqu'à ce que votre cochon soit entièrement dressé à aller sur le bac à litière et même alors, il ne devrait jamais pouvoir accéder à une grande partie de la maison avant d'avoir atteint l'âge de 6 mois ou plus.

Lorsque vous lui apprenez la propreté, utilisez un bac à litière suffisamment grand pour qu'il puisse y entrer entièrement. En outre, il faudra que le bac à litière soit près de là où il dort, mais pas trop près, car il ne doit pas penser que cela fait partie de son espace de sommeil.

Commencez par confiner votre cochon dans un petit espace. En général, les cochons ne font pas leurs besoins quand ils explorent, ils les font quand ils se sont installés pour dormir.

Faites approcher votre cochon de la litière toutes les deux heures et laissez-le renifler tout autour et dedans. Si c'est possible, laissez-y une crotte de cochon, car l'odeur va l'encourager à faire ses besoins à cet endroit. Un cochon n'utilisera généralement pas un bac à litière propre.

S'il ne fait pas ses besoins, ne vous inquiétez pas, faites-le simplement retourner dans son espace confiné et répétez le processus toutes les deux heures. Quand il fait ses besoins, félicitez-le, mais ne lui donnez jamais de gâterie. Faire ses besoins est naturel et il ne doit pas être récompensé pour cela.

Continuez à faire cela jusqu'à ce que le cochon commence à aller tout seul au bac à litière pour l'utiliser. Certains cochons apprendront en une journée, d'autres mettront une semaine pour apprendre à faire dans le bac à litière.

Pendant cette période, il est important de ne jamais gronder ou punir votre cochon nain pour de petits accidents, car cela peut créer plus de problèmes que cela n'en résout. Gardez simplement un rythme régulier et tenez-vous-y, en le ramenant à la litière toutes les deux heures, jusqu'à ce qu'il apprenne que c'est là qu'il doit aller.

N'oubliez pas de nettoyer les petits accidents en profondeur, afin qu'il n'y ait pas d'odeur qui l'encouragerait à refaire au même endroit.

**b) Dresser pour faire les besoins dehors**

Il est plus facile de dresser votre cochon à faire dehors si vous l'avez déjà entraîné à faire dans le bac à litière. La meilleure façon de procéder est de simplement rapprocher le bac à litière de la porte. N'oubliez pas de le guider jusqu'au bac à litière dans un premier temps, pour qu'il sache où il se trouve.

Une fois qu'il utilise le bac près de la porte, commencez à vous déplacer vers l'extérieur lorsqu'il est sur le bac à litière. Guidez-le jusqu'à un endroit du jardin où vous voulez qu'il fasse ses besoins et attendez qu'il les fasse.

S'il ne fait rien, ramenez-le et répétez. Encore une fois, c'est mieux si vous avez placé un excrément de cochon à l'endroit où il devra faire ses besoins, car cela l'encouragera à faire à cet endroit.

Répétez l'exercice jusqu'à ce qu'il sorte pour faire ses besoins. Certains cochons auront toujours besoin d'avoir un bac à litière à l'intérieur. Cependant, s'il a accès au jardin et qu'il se dirige vers la porte pour qu'on le fasse sortir, vous pouvez enlever le bac à litière de la maison.

**Résoudre les problèmes**

Tous les cochons ont des instincts naturels qui peuvent conduire à des problèmes de comportement. Vous ne pourrez pas faire grand-chose pour certains comportements, mais il existe des techniques pour régler les problèmes de comportement les plus ennuyeux.

**c) Fouir**

Il est naturel que votre cochon fouisse et vous ne devriez pas le décourager. Toutefois, si le fouissement devient destructif, vous devrez légèrement le freiner.

Tout d'abord, fournissez-lui des activités de fouissement en abondance, dans un bac de fouissement ou un bac à sable. S'il possède ces choses, mais commence à fouir sur vos jambes, vous allez devoir modifier ses habitudes.

Beaucoup de cochons fouissent sur les humains s'ils apprennent que ces derniers leur donnent de la nourriture. Cela peut être très frustrant et même occasionner des hématomes. Lorsque votre cochon commence à vous fouiller, placez votre main vers le bas pour le bloquer et dites « non ». Éloignez-vous de lui et ne lui offrez pas de gâterie.

En outre, vous devriez commencer à lui donner des gâteries dans un bol. Cela aidera à restreindre son habitude de vous fouiller puisqu'il n'obtiendra jamais de nourriture directement de votre main et il fouira son bol à la place.

Si le fouissement devient incontrôlable, vous pouvez utiliser un anneau sur son nez. Cela diminuera son envie de retourner la terre.

### d) Patauger

Il s'agit d'un autre comportement naturel. Les cochons adorent patauger dans la terre et tout ce qui est frais contre leur peau. Il est important pour des raisons de santé et de divertissement de fournir d'amples espaces à votre cochon où il pourra patauger.

Offrez-lui un bassin pour se rafraîchir ou un bac à sable ou une flaque de boue. En lui fournissant les espaces pour patauger adaptés, votre cochon ne pataugera pas partout ailleurs.

### e) Mordre

Enfin, les morsures sont souvent le résultat d'un cochon à qui on a donné des gâteries avec la main. Il est très important d'arrêter de donner des gâteries à votre cochon dès qu'il commence à mordre et de s'assurer qu'il travaille avant d'obtenir une gourmandise. Ne lui en donnez jamais simplement parce qu'il le demande ou parce qu'il est mignon.

En outre, vous devrez peut-être commencer à placer sa nourriture et ses gâteries dans un bol pour éviter qu'il vous morde.

La plupart des cochons peuvent être des créatures très dociles qui adorent simplement passer du temps avec vous, mais ils ont besoin de règles fermes et le dressage est essentiel si vous voulez partager votre vie avec autre chose qu'un animal de ferme.

# *Chapitre Neuf : Soins quotidiens de votre cochon nain*

Malgré le fait que les cochons semblent nécessiter de nombreux soins, ils sont en fait plutôt autonomes. Fournissez-lui l'espace dont il a besoin, et le cochon prendra soin de lui-même sans avoir besoin de votre aide.

Heureusement, le cochon aime qu'on s'occupe de lui et cela renforcera votre relation si vous prenez soin de lui quotidiennement.

Dans ce chapitre, je vais détailler tout ce que vous devez savoir pour satisfaire les besoins quotidiens en matière de toilette et d'exercice physique de votre cochon.

## 1) La toilette

Même si les cochons n'ont pas l'air d'avoir beaucoup de poils, il faut malgré tout faire sa toilette régulièrement. Il faudra vous en occuper 2 à 3 fois par semaine et attendez-vous à avoir des poils dans la maison, en particulier si votre cochon est d'une race à pelage.

Pour que votre cochon soit au mieux, il est recommandé de dédier 10 minutes par jour à sa toilette. Commencez à le familiariser avec cela dès qu'il arrive chez vous. Plus il est habitué à la toilette, plus ce sera un plaisir pour vous deux.

## a) Brossage

Le brossage peut être effectué quotidiennement et sert deux buts : votre cochon reste propre et cela élimine les saletés et les débris dans son pelage ; deuxièmement, cela stimule le flux sanguin dans la peau. Un meilleur flux sanguin contribue à un plus beau pelage et réduit les problèmes de peau.

Pour brosser votre cochon, travaillez par sections en commençant par le haut du cou. Brossez vers le bas et l'arrière dans le sens du poil. Vous n'avez pas besoin d'une brosse dure pour cela et je recommande l'utilisation d'une étrille douce en caoutchouc.

Quand vous brossez votre cochon nain, parlez-lui avec douceur et donnez-lui une gâterie de temps en temps pour qu'il commence à voir la toilette comme quelque chose de positif. Examinez votre cochon à la recherche de plaies ou de problèmes de peau afin de détecter les maux éventuels assez tôt.

## b) Le bain

Il ne faut donner le bain que lorsque c'est absolument nécessaire, vous verrez que les cochons sont des animaux très propres. Contrairement à la croyance répandue voulant que les cochons fouissent dans leurs propres excréments, les cochons évitent totalement leurs excréments s'ils en ont la place.

Les cochons pataugent dans la boue et la poussière pour se rafraîchir et la poussière qui reste sur eux devra être lavée régulièrement. Malgré tout, il est important de ne pas le laver trop souvent, car cela peut causer une peau sèche et squameuse.

Lorsque vous donnez le bain à votre cochon, faites-le dans une baignoire ou une bassine où votre cochon peut rester debout confortablement. Placez un tapis de bain ou une serviette au fond de la baignoire pour éviter qu'il glisse et se blesse.

Remplissez la baignoire d'eau puis ajoutez environ deux cuillères à soupe d'huile pour bébé. Cela aide à prévenir la peau sèche.

Placez votre cochon dans l'eau chaude et tenez ses pattes avant d'une main. Rassurez-le avec votre voix, mais gardez toujours une main sur ses pattes pour pouvoir le contrôler.

Avec une éponge, faites soigneusement couler de l'eau sur votre cochon en commençant par le haut et en descendant progressivement. Faites attention à ne pas mettre d'eau dans les oreilles et les yeux, et essayez de ne pas en mettre sur sa tête.

Une fois qu'il a été rincé, shampouinez sa peau. Le meilleur shampoing à utiliser est le shampoing pour bébés, car il est doux et n'abîmera pas trop la peau du cochon.

Rincez le shampoing et enlevez le cochon de la baignoire. Séchez-le avec une serviette et ne l'autorisez pas à aller dehors tant qu'il n'est pas entièrement sec, car il pourrait attraper froid.

Entre deux bains, laissez votre cochon accéder à une pataugeoire pleine d'eau. Les cochons nains adorent jouer dans l'eau. Cela permet de le rafraîchir, mais aussi de le laver entre deux bains.

## c) Soins quotidiens de la peau

Les cochons ont souvent la peau très sèche et il n'est pas rare qu'ils aient des pellicules ou d'autres problèmes de peau. En outre, s'ils n'attrapent pas de puces, ils sont sujets aux mites et aux poux. Pour cette raison, les soins quotidiens de la peau sont importants pour maintenir votre cochon nain heureux et en bonne santé.

La première étape du soin quotidien est de regarder sa peau. Cherchez s'il y a des parasites et d'autres problèmes de peau. Souvent, la peau de votre cochon s'épaissira et le démangera autour des oreilles et des pattes et cela peut être très irritant pour votre cochon.

Une fois que vous avez examiné votre cochon, traitez contre les parasites que vous avez pu voir. Pour traiter contre les poux et les mites, voyez ce que recommande votre vétérinaire.

Si vous ne voyez pas de parasites, vous pouvez simplement suivre la routine normale pour les soins de la peau. Les cochons sont sujets aux coups de soleil donc il est important de lui mettre de la crème solaire tous les jours, même les jours nuageux.

Utilisez une crème solaire destinée aux enfants avec un indice de 50 ou plus. Évitez les crèmes solaires avec une forte odeur ainsi que celles avec beaucoup de parabens et de produits chimiques. Plus le produit est naturel, meilleur il sera pour votre cochon nain.

Lorsque vous utilisez la crème solaire, appliquez-la bien sur les parties douces et roses de son corps en plus du reste. Les oreilles, le nez et les pattes risquent le plus de brûler.

En plus de la crème solaire, prenez le temps de pulvériser une solution de glycérine sur le corps de votre cochon. Mélangez 1 volume de glycérine avec 9 volumes d'eau et mettez dans un pulvérisateur. Aspergez votre cochon avec cette solution et laissez la peau l'imbiber. Cela aidera sa peau à rester douce.

**d) Parer les onglons**

Si vous n'êtes pas à l'aise à l'idée de parer les onglons de votre cochon, je recommande de demander au vétérinaire de le faire ou d'employer quelqu'un. Il est important que les onglons soient taillés tous les quelques mois, même si certains cochons peuvent passer un an sans, car des onglons mal soignés empêchent le cochon de se tenir debout et de marcher normalement, ce qui conduit à des problèmes d'articulations.

Pour parer les onglons de votre cochon, vous aurez besoin de mini pinces coupantes diagonales ou de pinces coupantes à ressort. N'utilisez que des pinces en acier, car elles sont plus tranchantes et sont beaucoup plus faciles à nettoyer. Vous aurez également besoin d'une lime à ongles suffisamment grande pour être utilisée sur des cochons.

Avant de parer les onglons, il est important de laisser votre cochon se détendre. Commencez par le masser et par frotter son ventre. Il vous faudra aussi passer du temps à toucher ses onglons, que vous soyez en train de les parer ou non. En effet, cela permet de les rendre moins sensibles.

Une fois qu'il est détendu, vous pouvez commencer à travailler. Prenez l'onglon de votre cochon nain dans la main pendant qu'il est couché sur le côté. Placez les pinces contre le bas du sabot et coupez les parties de corne abîmées.

Coupez la corne jusqu'à ce que vous atteigniez la partie lisse et dure de l'onglon. N'oubliez pas de raccourcir les deux côtés de l'onglon, mais ne coupez pas entre les orteils, car cela peut blesser votre cochon. Arrondissez les bords coupés.

Une fois que c'est coupé, prenez une lime à ongles en métal et limez les bords tranchants.

Répétez l'opération sur les quatre pieds et sur les ergots. Les onglons doivent être lisses sans aucun côté tranchant.

**e) Nettoyage des oreilles**

Le dernier soin que vous devrez apporter à votre cochon nain concerne les oreilles : maintenez-les toujours propres. Nettoyer les oreilles est très facile et cela devrait être fait une à deux fois par semaine.

Lorsque vous nettoyez les oreilles de votre cochon, prenez le temps de regarder à l'intérieur. Vérifiez qu'il n'y a pas d'infection ou de mites des oreilles afin de pouvoir les traiter avant qu'elles posent un problème trop important.

Ne versez jamais d'eau dans les oreilles de votre cochon nain, car cela peut conduire à une infection qui est très irritante pour lui. À la place, prenez un torchon et humidifiez-le légèrement. Tenez l'oreille d'une main et exposez l'intérieur de l'oreille. Avec l'autre main, essuyez toute saleté, débris ou même nourriture qui pourraient se trouver dans le pavillon ou près du canal auriculaire. Ne poussez jamais dans le canal, car cela peut endommager l'oreille.

Une fois qu'elle est propre, retournez l'oreille et essuyez les saletés qui se trouvent à l'extérieur de l'oreille.

Ensuite, prenez une petite brosse à dents et brossez la saleté qui s'est formée autour de la base de l'oreille. Il y a souvent beaucoup de peaux mortes, de nourriture et de boue qui restent piégées dans cet endroit. Une fois que la saleté a été délogée, humidifiez à nouveau le torchon et essuyez pour tout enlever.

Répétez pour l'autre oreille.

C'est tout ce dont vous avez besoin pour un cochon propre et heureux.

## 2) L'exercice

Même si les cochons nains peuvent devenir paresseux, la plupart ont des réserves d'énergie surprenantes et sont très actifs pendant de courtes périodes. Dans tous les cas, il faut prendre le temps de lui faire faire de l'exercice physique et mental.

En moyenne, un cochon nain devrait recevoir environ 30 minutes d'exercice par jour, en général réparties en deux ou trois courtes sessions de jeu. Les promenades sont bonnes pour la santé des cochons, mais encore une fois, assurez-vous d'avoir les permis appropriés pour promener le cochon hors de votre propriété.

En plus des promenades, votre cochon nain devrait avoir accès à un jardin où il peut courir et explorer tout seul. Il est important de lui donner des jouets, car certains cochons nains sont très intelligents et ils ont besoin de jouets pour empêcher qu'ils s'ennuient.

Une des meilleures choses à installer pour votre cochon est un bac à sable. Il permet à votre cochon nain de fouiller dans le sable et vous pouvez y enterrer des trésors. Votre cochon devra ainsi déterrer les gâteries et les jouets.

Un autre jouet important est le bac de fouissement. C'est une boîte en bois qui fait au moins 60 cm par 60 cm (2 pieds par 2) et 10 cm de hauteur (4 pouces). Votre cochon peut atteindre le fond sans avoir besoin de grimper dedans.

Vous pouvez remplir le bac de fouissement d'un certain nombre de matériaux, mais nombreux sont les propriétaires de cochons qui le remplissent de cailloux. Dans ce cas, il faut bien sûr prendre garde à ce que les cailloux ne soient pas trop petits pour éviter tout risque d'étouffement. En mettant de la nourriture dans le bac, vous encouragerez votre cochon à y fouiller.

En plus des pierres, vous pouvez placer des chiffons, des peluches, des couvertures ou des serviettes dans le bac de fouissement afin de varier ses expériences.

Même si votre cochon adorera fouir, il aura besoin de plus que de simples bacs de fouissement. Trouvez-lui des jouets qu'il peut déplacer et mâchouiller. Je trouve que les jouets pour bébés de moins de 18 mois sont parfaits pour les cochons nains, car il y a moins de risque qu'un morceau se détache et étouffe votre cochon.

Pour finir, trouvez une balle à nourriture pour cochon. Ce sont des balles en caoutchouc creuses qui peuvent être remplies de nourriture. Quand votre cochon pousse la balle d'une façon particulière, la nourriture sort de la balle. Les gâteries concentreront son attention et la balle stimulera son esprit en lui donnant un problème à résoudre.

# Chapitre Dix : Un cochon nain en bonne santé

Les cochons nains sont reconnus pour leur santé solide et leur longue durée de vie, cependant, ils peuvent avoir un certain nombre de problèmes de santé dont les propriétaires de cochons nains doivent avoir conscience.

Dans ce chapitre, je détaillerai les problèmes de santé les plus communs avec leurs symptômes et ce que vous devez faire si votre cochon est atteint.

## 1) Le cochon en bonne santé

Un cochon nain en bonne santé est toujours merveilleux à voir et il est assez facile de repérer un cochon en pleine forme parmi un groupe de cochons.

Le cochon nain en bonne santé a des yeux brillants, est actif et possède une queue en tire-bouchon qui ne pend pas vers le bas. Il a un solide appétit et cherche toujours un petit quelque chose à manger. Un cochon en bonne santé est joyeux et son groin est humide. Il doit avoir une belle couleur et être alerte.

Même si votre cochon est en bonne santé, vous devriez prendre un peu de temps chaque jour pour qu'il le reste. Achetez un thermomètre rectal et vérifiez sa température à la même heure chaque jour pendant une semaine. Notez les températures et conservez-les afin de pouvoir déterminer la température moyenne de votre cochon. Une fois que vous avez ces données, vous pouvez vérifier sa température de temps en temps pour être sûr qu'elle est normale.

En outre, effectuez le même examen visuel que vous avez effectué lors de l'achat de votre cochon. Assurez-vous qu'il ait l'apparence d'un cochon en bonne santé et surveillez tout signe de maladie.

## 2) *Le cochon malade*

Bien sûr, si votre cochon tombe malade, vous verrez qu'il n'est pas aussi alerte ou vif que d'habitude. En outre, sa queue peut se mettre à pendre et il peut avoir le groin sec et craquelé.

Cependant, ce ne sont pas les seuls signes qui vous indiqueront que quelque chose ne va pas.

Le signe le plus évident est le manque d'appétit. Si votre cochon ne veut pas manger, vous devrez le surveiller et contacter votre vétérinaire si cela dure plus d'une journée. En fait, il est tellement inhabituel qu'un cochon ne mange pas, que je recommande de contacter votre vétérinaire dès que vous le remarquez. Cela peut n'être rien du tout, mais cela peut aussi être le signe d'un problème plus grave. Les autres signes indiquant que votre cochon est malade peuvent être :

- Le dos voûté qui fait que ses pattes arrière sont sous son ventre quand il est debout.
- Comportement inhabituel.
- Température élevée.
- Les poils de son dos sont dressés, alors qu'il n'est pas agité.

Dès que vous remarquez un ou plusieurs de ces signes, consultez immédiatement un professionnel.

## 3) *Problèmes de santé courants*

*Constipation :* C'est très fréquent chez les cochons nains, en particulier pendant l'hiver quand il est moins mobile. Une bonne façon de déterminer si votre cochon est constipé est de casser ses excréments. S'ils s'effritent, il y a de bonnes chances qu'il soit constipé. Pour traiter le problème, faites-lui faire plus d'exercice et ajoutez de la citrouille en conserve à sa nourriture.

*Hypoglycémie :* Les cochons nains sont sujets à l'hypoglycémie, un taux de glucose ou de sucre trop bas dans le sang. Les symptômes en sont des tremblements, l'irritabilité et de la faiblesse. Cela peut être traité en aménageant ses repas. Toutefois, vous devrez surveiller votre cochon toute sa vie.

*Épilepsie :* Une maladie qui cause des convulsions chez votre cochon. De nombreux cas d'épilepsie n'ont pas de cause connue et cela devrait être traité d'après les recommandations de votre vétérinaire.

**Occlusions intestinales :** Très commun chez les cochons nains, cela arrive lorsque la nourriture reste bloquée dans l'intestin et ne peut plus descendre vers le rectum. Les symptômes sont la léthargie, la faiblesse, le fait de se coucher sur le côté et d'étirer ses pattes de manière répétée, le manque d'appétit. Il s'agit d'un problème grave qui requiert une intervention médicale immédiate. La meilleure façon d'éviter les occlusions intestinales est de nourrir votre cochon sous la forme de petits repas. Les gros repas sont généralement la cause des occlusions intestinales.

**Mites :** Un autre problème commun chez les cochons domestiques concerne les mites, qui sont très gênantes pour le cochon. Elles causent une irritation de la peau et la perte des poils. Les symptômes se présentent en général sous la forme d'une éruption cutanée et votre cochon aura des démangeaisons et sera irritable. Les mites doivent être traitées par une lotion médicale et vous devrez traiter sa litière et son enclos également.

*Tiques :* Tous les animaux peuvent attraper des tiques dans l'herbe haute et les cochons ne font pas exception. Toutefois, chez les cochons les tiques peuvent causer une paralysie et elles doivent être enlevées dès que vous les voyez. En général, la tique ressemble à un accroc de la peau, mais vous pouvez voir un petit point rouge à l'endroit où la tique s'est enfouie sous la peau. Enlevez la tique en la retirant tout droit. Il ne faut pas pincer ou tordre la tique.

*Infections utérines :* Elles n'affectent que les femelles, il s'agit d'une infection située dans l'utérus. Les symptômes sont le manque d'appétit, la fatigue, la température élevée et souvent des pertes provenant de la vulve. Cela peut être mortel si ce n'est pas traité et ne peut être guéri qu'au moyen d'antibiotiques. Les infections utérines peuvent être évitées si vous stérilisez votre cochon nain.

*Cancer :* Les cochons nains sont vulnérables à différents cancers qui peuvent être difficiles à repérer, en particulier lorsque ce ne sont pas des cancers de la peau. La gamme de traitements dépend du type de cancer et doit être décidée par le vétérinaire.

*Tumeurs :* C'est une grosseur qui peut être trouvée sur la peau ou dans le cochon, comme pour les tumeurs utérines. De nombreuses tumeurs sont bénignes, mais certaines peuvent être malignes et il est important de consulter votre vétérinaire si vous voyez une tumeur.

*Pneumonie :* Les cochons peuvent être vulnérables aux maladies, en particulier la pneumonie. Ils ont vraiment besoin d'un endroit chaud et sec pour vivre. L'hiver est la période où les cas de pneumonie sont les plus fréquents donc maintenez votre cochon dans un enclos chauffé pendant l'hiver. De nombreux cochons ne présentent aucun signe de pneumonie, le premier indice est un manque d'appétit. Le traitement se fait par antibiotiques.

*Empoisonnement au sel :* Enfin, l'empoisonnement au sel est généralement lié à l'eau potable. Un cochon qui mange trop salé va boire trop d'eau ce qui peut conduire à du liquide dans le cerveau. Le cochon devrait toujours avoir de l'eau fraîche à disposition, mais si vous voyez qu'il a mangé trop de sel, ne lui donnez qu'un verre d'eau toutes les heures jusqu'à ce qu'il n'ait plus soif. Cela permet de ralentir sa consommation d'eau.

## 4) Stériliser ou castrer

La dernière chose qu'il faut déterminer concernant votre cochon est s'il faut le stériliser ou le castrer. Si vous n'avez pas l'intention qu'il se reproduise, alors vous devriez l'opérer.

Un cochon non opéré peut être très difficile à gérer et une femelle peut être en chaleur toutes les 3 semaines ou 21 jours. Cela peut devenir très frustrant et rendra la vie de votre cochon nain plus compliquée que nécessaire.

En outre, les cochons non opérés marqueront leur territoire ou même les humains et ils courent un plus grand risque pour certaines maladies.

Si vous adoptez un mâle, vérifiez que votre porcelet a été castré avant l'âge de 4 semaines, ce qui est moins traumatisant pour le cochon. S'il ne l'a pas été, prévoyez de le faire castrer avant l'âge de 12 semaines. Les femelles devraient être stérilisées autour de l'âge de 8 mois, car l'opération est plus lourde et présente un plus grand risque pour votre cochon.

Souvenez-vous que vous pouvez prévenir de nombreuses maladies grâce aux soins, à l'alimentation et à l'exercice appropriés.

# Chapitre onze : Élevage de cochons nains

Même si vous avez peut-être acheté votre premier cochon nain simplement parce que vous vouliez un animal domestique, une fois que vous l'avez ramené chez vous, l'idée qu'il se reproduise peut vous avoir traversé l'esprit. Si c'est le cas et que vous pensez que vous pourriez vous lancer dans l'élevage, il est important de prendre votre temps pour apprendre comment élever et prendre soin de votre cochon et porcelet.

Dans ce chapitre, je vais détailler tout ce que vous aurez besoin de savoir concernant la reproduction et l'élevage de vos propres porcelets.

## 1) Devriez-vous vous lancer dans l'élevage ?

Avant de commencer la reproduction, vous devriez vraiment décider si c'est quelque chose que vous voulez faire. Indépendamment de vos vues personnelles au sujet de l'élevage d'animaux, la reproduction possède un certain nombre d'avantages et d'inconvénients dont il faut tenir compte avant de se lancer.

**Avantages :**

Quel que soit le nombre d'inconvénients, il y a toujours des avantages qui peuvent faire de l'élevage une activité positive. Après tout, s'il n'y avait aucun avantage, personne ne ferait de l'élevage de cochons domestiques. Toutefois, assurez-vous que les bons côtés vous suffisent avant de finaliser votre décision.

**Contribuer à une lignée :** Faire de l'élevage pour ajouter quelque chose à une lignée existante ou pour préserver un trait physique ou un tempérament de votre cochon est souvent une récompense suffisante. Les éleveurs essaient fréquemment de produire un animal de meilleure qualité en améliorant l'apparence physique, le tempérament ou la santé.

**Travailler avec les porcelets :** Avouons-le, les bébés animaux sont mignons et les porcelets ne font pas exception. Un gros avantage de l'élevage est que vous pouvez passer du temps avec les porcelets pendant les deux ou trois mois qu'ils passent avec vous.

*L'argent :* Même si je suis en total désaccord avec le fait que l'élevage de porcelets rapporte de l'argent, certaines souches de cochons nains se vendent en échange de grosses sommes d'argent. Malgré tout, vous ne devriez pas vous attendre à gagner beaucoup d'argent avec l'élevage de cochons nains.

*Partager les cochons nains :* L'un des aspects les plus agréables de l'élevage est de pouvoir partager votre amour des cochons nains avec d'autres enthousiastes.

*Maintenir votre propre lignée :* Enfin, l'un des plus gros avantages de l'élevage est de pouvoir maintenir votre propre lignée de cochons et de garantir que le cochon que vous aimez tant existe encore à travers ses porcelets.

*Inconvénients :*

Comme pour tout, il existe des inconvénients à l'élevage, mais l'élevage de cochons présente un certain nombre d'inconvénients qui lui sont spécifiques.

*Des animaux à maturité sexuelle :* Même s'il est nécessaire que vos cochons soient parvenus à maturité sexuelle pour pouvoir faire de l'élevage, le cochon sexuellement mature peut être l'un des animaux les plus pénibles. Les mâles deviennent très agressifs et essaient de chevaucher tout ce qu'ils peuvent. En outre, ils sont sans cesse en train de chercher des femelles et ils perdent souvent le côté merveilleux du cochon domestique. Les femelles ne sont généralement pas aussi agressives, mais elles peuvent être en chaleur toutes les quelques semaines et deviennent alors très bruyantes.

*Coût :* Si vous tenez compte du nombre d'heures que vous devez passer avec les porcelets, le coût de leur alimentation, les soins de la truie depuis qu'elle est petite, les coûts vétérinaires, les coûts de la reproduction et de nombreuses autres dépenses qui sont nécessaires lors de l'élevage de cochons, alors la quantité d'argent que vous gagnerez est largement inférieure au montant que vous aurez dépensé.

*Temps :* La quantité de temps nécessaire pour votre portée de porcelets peut être différente d'un cochon à l'autre, mais en général, vous pouvez vous attendre à passer beaucoup de temps avec les porcelets pour garantir qu'ils ne se blessent pas ou qu'ils ne tombent pas malades.

*Travail :* Élever une portée de porcelets peut représenter beaucoup de travail, et vous ne pouvez pas vous attendre à ce que la truie s'en occupe tout le temps. Vous devrez changer leur litière, certains porcelets auront besoin d'être nourris au biberon et d'autres peuvent nécessiter des soins plus approfondis incluant des traitements médicaux. Vous devrez aussi commencer à les sociabiliser et vous devrez trouver des familles pour accueillir les porcelets. Tout cela représente beaucoup de travail.

***Grandes portées :*** Les grandes portées ne sont pas nécessairement problématiques, mais si vous ne trouvez pas du tout de famille pour les porcelets, alors c'est définitivement un problème pour vous. Non seulement vous devrez prendre soin de cette plus grande portée, ce qui signifie plus de temps et de travail, mais en plus vous pouvez devenir propriétaire de plus de cochons que ce que vous vouliez.

***Problèmes de santé :*** Alors que les cochons nains ne sont pas connus pour avoir des problèmes pour la reproduction et la naissance des porcelets, il existe néanmoins des risques de santé et cela peut augmenter les coûts vétérinaires. Cela comprend les complications lors de la mise bas, les problèmes de santé de la truie et les problèmes de santé des porcelets.

***Désordre :*** Même s'il y a toujours du désordre quand on possède un animal domestique, l'élevage en crée encore plus puisque vous avez plusieurs animaux après lesquels il faut nettoyer. Certaines portées de cochons nains peuvent être assez grandes et cela peut conduire à encore plus de saleté à nettoyer.

***Donner les porcelets :*** Alors que le but est de donner les porcelets pour l'adoption, il peut être difficile de s'en séparer, en particulier si vous, ou quelqu'un dans votre famille a créé une relation particulière avec l'un d'entre eux.

L'élevage de cochons n'est pas fait pour les âmes sensibles et cela demande un gros investissement financier et émotionnel. Il est important de faire de l'élevage parce que vous aimez les cochons nains et que vous pensez pouvoir contribuer à la population d'animaux domestiques.

Vous ne devriez jamais vous lancer dans l'élevage pour des raisons financières ou simplement pour apprendre à vos enfants le fonctionnement de la nature, car chaque année, ce type de portée a pour résultat que de nombreux animaux sont abattus ou envoyés dans des refuges.

Si vous vous lancez dans l'élevage, faites-le de manière responsable dès le départ.

## 2) Bonnes pratiques d'élevage

Avant de commencer l'élevage, il est important d'observer de bonnes pratiques d'élevage dès le départ. Même si l'on pourrait penser que ça commence juste avant la reproduction, en réalité il faut commencer avant même de ramener le porcelet chez vous.

Choisissez votre porcelet chez un éleveur de bonne réputation qui peut retracer les origines de ses lignées de cochons sur plusieurs générations. Assurez-vous que ces lignées sont en bonne santé et qu'il n'existe pas de problèmes génétiques connus chez les parents et les grands-parents.

Lorsque vous choisissez votre éleveur, trouvez-en un qui soit serviable et faites-lui savoir que vous souhaitez faire de l'élevage. Demandez de l'aide pour le processus d'élevage de vos propres porcelets et pour vous assurer que votre cochon soit prêt pour la reproduction au moment de commencer.

Une fois que vous avez votre porcelet, dressez et sociabilisez-le afin d'obtenir un cochon accompli qui donnera aux gens l'envie d'acheter. En outre, assurez-vous que tous les papiers sont en ordre et que vous avez les permis appropriés pour posséder des cochons, pour faire de l'élevage de cochons et pour avoir plus d'un cochon sur votre propriété.

Avant de commencer la reproduction, il est important de faire un contrôle de santé sur le mâle et la femelle. Assurez-vous qu'il n'y ait pas de maladies ou de problèmes de santé qui pourraient avoir été négligés au quotidien. S'il y en a, ne laissez pas se reproduire les animaux malades, car les maladies peuvent être transmises aux porcelets.

Ensuite, assurez-vous que toutes les vaccinations des cochons sont à jour pour garantir qu'ils ne seront pas vulnérables à des maladies au cours de la gestation. Cela est particulièrement important si vous avez l'intention d'utiliser un mâle qui ne vient pas de chez vous.

Enfin, assurez-vous d'avoir toutes les fournitures nécessaires, y compris un espace pour élever vos porcelets, avant même la gestation de votre truie. Voici une liste des fournitures nécessaires :

*Bac de mise bas :* Similaire de forme et de conception à ceux destinés à la mise bas chez les chiens, le bac de mise bas est utilisé pour protéger les porcelets et pour permettre à la truie de s'allonger. Il fait généralement 1,50 m de large (5 pieds) sur 1,80 de long (6 pieds) et il est fait de planches de 5 x 10 cm (2 x 4 pouces) sur tous les côtés. Un des côtés du bac devra être plus bas pour que votre truie puisse entrer et sortir facilement. Sur les côtés du bac, il faudrait créer un petit abri pour les porcelets en posant d'autres planches de 5 x 10 cm en travers. Cela leur fournit un espace sous lequel s'abriter s'ils ont trop chaud ou si la truie prend trop de place.

*Gants en latex :* Lorsque vous assistez à la mise bas de la portée, vous pouvez avoir besoin d'aider le porcelet à sortir du canal génital. Je recommande de posséder une grande boîte de gants en latex afin de pouvoir jeter les gants après chaque utilisation.

**Teinture d'iode :** Si vous devez couper les cordons ombilicaux, alors vous aurez besoin de teinture d'iode pour les désinfecter.

**Vitamines enrichies en fer pour bébés :** Tous les cochons naissent avec une carence en fer et il faudra leur en donner pour leur donner le meilleur départ dans la vie.

**Serviettes de bain :** Pour nettoyer les porcelets si nécessaire.

**Ciseaux :** Une paire de ciseaux tranchants est nécessaire pour couper les cordons ombilicaux. Pensez à les stériliser avant utilisation.

**Lubrifiant KY :** Peut être nécessaire pour aider le porcelet à sortir du canal génital.

**Biberons :** De petits biberons à tétine sont nécessaires si vous avez un porcelet qui ne se nourrit pas auprès de la truie.

**Lait de chèvre :** Là encore, c'est bien d'en avoir sur place au cas où vous devriez nourrir un des porcelets.

**Lampe chauffante :** Une bonne lampe chauffante est importante pour que le bac de mise bas reste bien chaud et à la température idéale pour que les porcelets ne tombent pas malades.

*Balance :* Une balance est essentielle pour suivre l'évolution de vos porcelets. Je trouve qu'il est important de peser chaque porcelet rapidement après sa naissance et de noter son poids afin de surveiller sa croissance.

*Ruban :* En fonction des porcelets, vous devrez peut-être attacher un ruban de couleur différente autour du cou de chaque porcelet, afin de les différencier.

En ayant tout à portée de main avant la naissance des porcelets, vous pouvez donner le meilleur départ à vos porcelets.

## 3) La truie reproductrice

Si vous avez fait toutes vos recherches, alors vous êtes sans doute prêt à commencer l'élevage. Une truie reproductrice peut commencer ses chaleurs à l'âge de 5 mois, même si certaines en ont beaucoup plus tôt. Toutefois, vous ne devriez jamais laisser votre truie se reproduire avant l'âge de 2 ans pour des raisons de santé. Malheureusement, cela signifie que vous allez devoir gérer une femelle turbulente pendant un long moment.

Lorsqu'une truie commence à avoir ses chaleurs, c'est généralement tous les 21 jours ou toutes les 3 semaines. Une période de chaleurs dure en général 8 à 36 heures, ce qui est plus court qu'avec d'autres animaux. En fait, il se peut que vous ne remarquiez pas toujours que votre truie est en chaleur.

Un des premiers signes que votre truie est en chaleur est son côté indiscipliné. S'il y a un mâle à proximité, elle peut crier davantage et peut essayer de s'approcher du mâle. Elle sera beaucoup plus agitée qu'à l'habitude et il se peut qu'elle manque d'appétit. Un indice physique des chaleurs est une vulve gonflée et très rose. Enfin, si vous appuyez à l'arrière de son dos, elle peut rester immobile comme si elle acceptait un mâle.

Si vous choisissez de ne pas la faire se reproduire pendant ses chaleurs, vous n'avez rien de particulier à faire, si ce n'est l'éloigner des mâles. Dans quelques heures ou quelques jours, elle ne sera plus en chaleur et cela durera 21 jours environ avant la fois suivante.

Avant la reproduction de votre truie, vérifiez que son poids est correct et qu'elle n'est pas trop maigre. Si vous pouvez voir ses côtes et que sa queue est molle, ce sont peut-être des signes que votre truie n'a pas le poids idéal ou qu'elle est malade. Évitez la reproduction jusqu'à ce que vous soyez certain que sa santé est optimale.

En outre, assurez-vous qu'elle a bien 14 tétines. Si elle en a moins, vous ne devriez pas la faire se reproduire, car elle aura besoin des 14 pour nourrir ses porcelets.

Un autre point important est de ne jamais laisser se reproduire une truie dont ce sont les premières chaleurs. Laissez-la être en chaleur une fois ou plus avant qu'elle se reproduise afin qu'elle atteigne l'âge idéal et la santé optimale pour la reproduction.

Plus vous attendez, plus ce sera bon pour votre truie et plus les porcelets seront en bonne santé.

Une fois qu'elle est en chaleur, elle pourra se reproduire. Certaines devront être inséminées artificiellement et d'autres auront besoin d'interventions spéciales.

Vous aurez toujours besoin des papiers de transport adéquats si vous voulez que votre truie se reproduise avec un mâle de l'extérieur. En général, c'est la femelle qui est amenée chez le mâle. En effet, les

verrats ont du mal à s'accoupler dans un
environnement qui ne leur est pas familier.

Si vous possédez le verrat pour la reproduction, vous
devrez fabriquer une caisse pour le verrat et la truie
afin qu'ils ne puissent pas s'éloigner l'un de l'autre.
Cela facilitera la reproduction pour vous et pour la
truie.

De temps en temps, même avec une truie en chaleur,
le verrat ne s'accouplera pas. C'est le genre de cas
pour lequel vous avez besoin d'un vétérinaire qui
permettra à la truie de devenir gravide. Deux
manières permettent d'assurer cela. Soit par des
hormones ou des médicaments qui vont aider le
verrat à s'intéresser à la truie, soit par insémination
artificielle, où la semence est récupérée et introduite
dans la truie à l'aide d'un outil médical.

Certaines fois, la reproduction ne peut se faire que
par insémination artificielle : la semence est envoyée
chez votre vétérinaire pour inséminer votre truie. De
nombreux éleveurs choisissent cette méthode, car elle
limite le nombre de maladies auxquelles la truie est
exposée et cela permet de choisir le meilleur verrat,
où qu'il se trouve dans le monde.

Enfin, un verrat et une truie peuvent être mis
ensemble plusieurs fois au cours des chaleurs de la
truie et être autorisés à s'accoupler naturellement

sans aucune intervention humaine. Toutefois, cela peut ne pas toujours se passer comme prévu.

Quelle que soit la méthode de reproduction, les deux animaux doivent être en bonne santé et doivent être des exemples exceptionnels de votre race de cochons.

## a) Soigner la truie gestante

Maintenant que votre truie s'est reproduite, vous vous demandez sans doute si elle est gravide. Malheureusement, cela est difficile à dire avant plusieurs semaines. La meilleure façon de faire est de partir du principe qu'elle est gestante et de la soigner comme si elle l'était.

En général, la première indication que votre truie est gestante est l'absence de ses chaleurs. Au bout de 21 jours, si votre truie n'est pas en chaleur, alors elle est gestante.

Pendant ce temps, les soins ne changent pas de façon significative et votre truie peut passer la journée comme elle l'aurait fait avant. Même si les cochons ont des périodes de gestation plus courtes que beaucoup d'animaux, elles sont beaucoup plus longues que celles des chiens et des chats.

En fait, la gestation d'une truie dure en moyenne 110 à 115 jours. Au cours des premières semaines, le régime et les soins restent les mêmes, mais au cours des dernières semaines de gestation, certains changements doivent être faits.

Le plus gros changement concerne l'accès de votre truie à l'herbe et à la terre. Vous avez peut-être un espace désigné dans votre jardin pour votre truie, mais il est important de lui proposer de l'herbe fraîche et de la terre nouvelle plusieurs fois par semaine. C'est important pour qu'elle obtienne tous les jours la quantité adéquate de nutriments pour elle et pour sa portée de porcelets qui grandissent.

Lorsqu'elle est plus avancée dans sa gestation, les tétines de votre truie vont commencer à s'agrandir et peuvent même commencer à traîner au sol. C'est un signe que vous devez commencer à modifier des éléments de son environnement, si vous ne l'avez pas déjà fait.

Bien que les tétines se durciront lorsqu'elles traîneront par terre, vous devrez empêcher votre truie de grimper sur des choses où ses tétines pourraient être coupées. Il vaut mieux installer une rampe d'accès sur vos escaliers plutôt que de laisser votre truie en gestation grimper les marches.

En outre, vous devrez peut-être laver ses tétines quand vous serez proche de la date de mise bas. En effet, une ligne de lait peut commencer à se former sur les tétines et l'humidité y fera coller les saletés et les débris qu'elle accumulera en marchant.

Faites attention à la garder confinée dans son espace de mise bas pendant la dernière semaine de gestation et ne la laissez sortir pour faire de l'exercice que si vous êtes avec elle. Elle devrait continuer à recevoir 30 minutes d'exercice physique par jour, mais de manière contrôlée.

Enfin, sa litière devra être rafraîchie quotidiennement lorsqu'elle s'approche de la date de mise bas.

### b) Alimentation

Comme pour les soins quotidiens, l'alimentation de votre truie en gestation n'est pas différente de celle de votre truie reproductrice. Assurez-vous qu'elle obtienne beaucoup de verdure. Vous pouvez augmenter la portion de verdure de 5 % environ.

Il n'est pas nécessaire d'utiliser de la nourriture pour truies gestantes, toutefois elles sont mieux formulées et je les recommande. Quelle que soit la nourriture que vous utilisez, il faudra lui donner environ 3 % de son poids corporel. Faites attention à n'augmenter la quantité de nourriture qu'une fois que vous êtes certain qu'elle est gravide.

En plus de sa nourriture habituelle, vous devrez peut-être lui donner une tablette pour enfants multivitaminée à mâcher afin d'être sûr que ses besoins en vitamines et minéraux soient couverts au cours de sa gestation.

Quelques jours avant la date prévue de mise bas, commencez à réduire légèrement son alimentation et ajoutez du son à ses repas pour servir de laxatif. En général c'est suffisant de réduire l'alimentation de 6 cl (1/4 de tasse) et de mettre 6 cl (1/4 de tasse) de son.

Pour finir, de l'eau potable propre et fraîche est une nécessité pour votre truie tout au cours de sa vie, mais particulièrement lorsqu'elle est gestante.

**c) La mise bas**

Même si vous avez du temps avant la naissance des porcelets, il est important de vous préparer à leur arrivée quelques semaines avant la date prévue de mise bas.

Pour commencer, assurez-vous que l'espace de mise bas est propre et dénué de parasites. Commencez par nettoyer la pièce entière avec une solution de 2 % de phényle et d'eau. Frottez aussi le bac de mise bas.

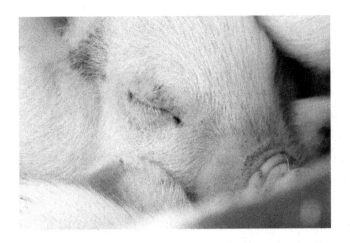

Une fois que la pièce est propre, aspergez à nouveau pour garantir que vous avez bien éliminé les parasites que vous auriez pu rater la première fois. Il est important que le bac de mise bas reste vide pendant une semaine environ après le nettoyage, donc je recommande de le nettoyer et de le préparer 2 à 3 semaines avant la date de mise bas.

Une fois que le bac est propre, il est temps de préparer votre truie. Commencez par la vermifuger environ 3 semaines avant la mise bas. Ne la laissez pas entrer dans le bac de mise bas avant qu'elle ait été vermifugée pour éviter que vos porcelets attrapent des vers.

Dix jours environ avant la mise bas, lavez entièrement la truie et assurez-vous qu'elle n'ait pas de saletés ou de parasites sur elle. Une fois qu'elle est sèche, vous pouvez la mener à la pièce de mise bas et à l'enclos de plein air réservé. Ne la laissez pas entrer dans son enclos habituel, en particulier si elle le partage avec un autre cochon.

Quelques jours avant la mise bas, rassemblez les fournitures et lavez-les. Stérilisez-les dans de l'eau chaude et emballez-les pour les garder propres. Vous pouvez installer une lampe chauffante dans le bac de mise bas, mais assurez-vous qu'elle ne peut pas être cognée ou renversée. La lampe chauffante est nécessaire pour maintenir les porcelets au chaud et pour prévenir leurs maladies.

2 à 3 jours avant la mise bas prévue, coupez de la paille et placez-la dans le bac de mise bas. Faites attention à ce qu'elle reste propre et n'en utilisez pas trop. Les porcelets peuvent facilement se perdre dedans et se faire alors écraser par leur mère.

Pendant les jours précédant la date prévue de mise bas, surveillez bien votre truie. Je recommande de la surveiller de près pendant la semaine qui précède la mise bas afin d'être près d'elle lorsque la mise bas commence.

Les signes du début de la mise bas sont :

- *Agitation :* Lorsqu'elle est prête à mettre bas, elle va se mettre à faire les cent pas et se comporter différemment.

- *Nidification :* Pendant les jours qui précèdent la mise bas, elle va commencer à nidifier et va essayer de rendre le bac de mise bas confortable pour elle. Assurez-vous qu'elle s'installe dans le bac et pas ailleurs pour mettre bas les porcelets.

Quand il est temps pour votre truie de mettre bas, faites attention à bien rester en retrait. La plupart des truies sont assez efficaces, et avoir leur propriétaire tout près peut les rendre nerveuses, créant des délais et des problèmes au cours de la mise bas.

La meilleure chose à faire est de s'assoir sur le côté, où vous ne gênerez pas la truie, mais où vous serez assez près pour pouvoir facilement voir à l'intérieur du bac de mise bas. Apaisez votre truie avec votre voix, mais ne vous impliquez pas trop sauf si c'est nécessaire. De nombreuses truies peuvent mordre en essayant de protéger leurs petits.

La mise bas dure généralement 24 heures, même si c'est parfois plus court. Elle présente des étapes dont vous devez avoir connaissance.

### Étape un : Pré-mise bas

Cela commence en général 10 à 14 jours avant la mise bas de votre truie. C'est à ce moment-là que vous verrez les signes déjà mentionnés tels que l'agitation et la croissance de ses glandes mammaires. La période de pré-mise bas se poursuit jusqu'à ce que votre truie soit prête à mettre bas.

En général, l'étape de pré-mise bas causera une perte muqueuse de la vulve et c'est un signe que la parturition a commencé. Au passage, si vous remarquez des excréments dans le mucus, cela est une forte indication que le premier porcelet va naître à l'envers. Si c'est le cas, faites vérifier votre truie par un vétérinaire.

### Étape deux : La mise bas

Il s'agit de la partie active de la mise bas, lorsque les porcelets naissent. Au cours de cette étape, un porcelet naîtra toutes les 10 à 20 minutes. L'étape dure en général entre 3 et 8 heures, parfois plus.

Au cours du processus de mise bas, il est important d'observer votre truie de près et de vous assurer que rien ne complique la mise bas. En général, le temps entre le premier et le deuxième porcelet est plus long. Toutefois, si cela dure plus d'une heure, il est important de contacter votre vétérinaire et de voir si la truie aura besoin d'une intervention médicale ou non.

Même s'il est possible que vous n'ayez rien à faire, soyez prêt à intervenir et à soigner les porcelets dès leur naissance. En général, les truies ne font pas très attention aux porcelets pendant qu'elles mettent bas et elles peuvent ignorer ou écraser un porcelet pendant qu'elles font naître le suivant.

Le processus de la mise bas se présente comme suit.

1. La truie se prépare à mettre bas et est agitée.

2. La truie se couche sur le côté pour préparer la naissance d'un porcelet. Elle peut juste rester allongée, mais en général elle va se mettre à trembler et à soulever sa patte arrière pendant la mise bas.

3. La truie va commencer à remuer la queue et va pousser le porcelet pour le faire naître, sans le placenta.

4. Immédiatement après la naissance du porcelet, attrapez-le et séchez-le à la serviette, car la truie ne le fera pas.

5. Prenez la teinture d'iode et trempez le cordon ombilical dedans pour prévenir une infection chez votre porcelet.

6. Faites un contrôle de santé rapide de votre porcelet, en vous assurant de son poids et en vérifiant qu'il n'est pas en détresse.

7. Mettez une goutte (environ 1 ml) de vitamines pour bébés avec du fer dans la bouche du porcelet et assurez-vous qu'il l'avale.

8. Mettez le porcelet dans le bac qui se trouve sous la lampe chauffante pour le maintenir au chaud. En général, un porcelet sera prêt à se nourrir dans la demi-heure suivant la naissance. Gardez un œil sur lui et dès qu'il est prêt, placez-le sur la mère, sauf si elle est en train de mettre bas un autre porcelet. Pour les porcelets qui ont l'air trop faibles pour se nourrir, essayez le biberon.

9. Pendant que vous vous occupez du porcelet, votre truie se remettra de la naissance et se préparera pour la suivante. Chaque truie est différente : elle peut se déplacer, se reposer ou bien devenir très agitée. Pendant qu'elle se remet, offrez-lui des paroles apaisantes et nettoyez le bac de mise bas. De nombreuses truies vont faire leurs besoins dans le bac de mise bas, donc vous devrez nettoyer et remplacer la paille si elle est trop souillée.

10. Ne replacez jamais les porcelets dans le bac de mise bas pendant que la truie est en train de faire naître le porcelet suivant.

En général, une truie met bas entre 8 et 13 porcelets, parfois plus, parfois moins. Il est important de réaliser que les cochons ont un taux de mortalité élevé. On estime que 25 % des porcelets seront mort-nés ou vont mourir au cours des jours qui suivent la mise bas. Préparez-vous à cela lorsque votre truie met bas.

### *Étape trois : Fin de la mise bas*

À cette étape de la mise bas, tous les porcelets seront nés et la truie va se mettre à expulser tout le placenta. Les cochons ne sont pas comme les autres animaux qui accouchent d'un bébé puis du placenta à chaque fois. Au lieu de cela, elles font en général naître tous les porcelets avant d'expulser tous les placentas.

Les placentas sont expulsés au cours d'une période de 1 à 4 heures et vous devrez les enlever du bac de mise bas au fur et à mesure. Il faut savoir qu'une partie du placenta peut-être expulsée en même temps que le porcelet, alors si vous trouvez qu'il n'y a pas beaucoup de placenta, c'est sans doute qu'elle en a déjà éliminé avec les porcelets.

Une fois que tout le placenta a été expulsé, votre truie va commencer à entrer dans sa routine de mère. Elle aura encore de grosses pertes sanguines pendant quelques jours après la mise bas, généralement de 3 à 5 jours, mais elle mangera normalement et se comportera comme à son habitude.

Une fois qu'elle a fini la mise bas, elle va généralement se coucher sur le côté et commencer à grogner pour appeler les porcelets. C'est alors que vous pourrez remettre les porcelets dans le bac de mise bas avec elle. Si elle tremble toujours et bouge sa patte arrière, alors elle est encore en train de mettre bas.

Après la mise bas, il est important de suivre l'évolution de vos porcelets et de votre truie pour vous assurer que tout va bien. Si elle semble perdre du poids ou saigne trop abondamment, alors elle peut subir une complication et elle devra voir un vétérinaire immédiatement.

Si ce n'est pas le cas, surveillez-la simplement et assurez-vous que la truie et les porcelets soient confortables en maintenant le bac de mise bas à une température agréable de 27 à 32 °C (80 à 90 °F).

**d) Complications pendant la mise bas**

Comme pour tout type d'élevage, la reproduction des cochons nains n'est pas exempt de complications.

Un certain nombre de problèmes peuvent faire la différence entre la vie et la mort pour votre truie ou vos porcelets.

Il est important d'avoir connaissance des complications, des signes de complications et des méthodes pour les gérer afin de garantir que votre truie subisse le moins de risques en mettant bas les porcelets.

Quelques-unes des complications les plus courantes sont :

*Rotation des trompes :* L'utérus de la truie possède deux trompes où les porcelets se développent. Un problème qui peut survenir est qu'une trompe croise l'autre ce qui crée une poche de porcelets qui ne peuvent plus passer dans le canal génital par eux-mêmes. Un signe de ce phénomène est que la truie pousse et essaie de toutes ses forces de faire passer un porcelet dans le canal sans y parvenir pendant plus d'une demi-heure ou d'une heure.

La seule façon de déterminer si c'est le cas est de placer la main dans le col de l'utérus pendant que votre truie est debout et de sentir si une poche de porcelets s'est formée. Si vous en sentez une, vous devez faire remonter le porcelet par la trompe avec votre main puis laisser la truie le mettre bas. Si elle n'arrive toujours pas à faire naître un porcelet, il vous faudra soit répéter l'opération, soit décider d'une intervention médicale. Je recommande de n'aider à la mise bas que si vous savez ce que vous faites. Sinon, consultez un vétérinaire.

*Inertie utérine :* C'est lorsque les contractions se sont arrêtées même s'il reste encore des porcelets à faire naître. En général, l'inertie utérine est causée lorsqu'il y a plus d'un porcelet en attente de naître dans le col de l'utérus. La seule manière de corriger cela est d'aider à faire sortir les porcelets. Pour cela, placez votre main par-dessus la tête du porcelet, en mettant l'index et le majeur de chaque côté du cou puis tirez vers le bas hors du col de l'utérus. Si le porcelet se présente par l'arrière, placez vos doigts autour du jarret et tirez vers le bas. Peut-être n'aurez-vous besoin d'aider qu'un seul porcelet à sortir pour que les contractions reprennent. Toutefois, il se peut que tous les porcelets coincés dans le col de l'utérus doivent être retirés.

*Trop grand* : Parfois, un porcelet peut être trop grand pour passer facilement par le col de l'utérus et devra être aidé pour sortir. Si cela se produit, la meilleure méthode consiste à prendre une corde de nylon désinfectée et de faire une boucle sur une extrémité. Placez-la dans le col de l'utérus et passez-la par-dessus les oreilles du porcelet puis ramenez-la sous la mâchoire du porcelet. Tirez avec précaution sur la corde pour aider le porcelet à sortir. Vous pouvez aussi lubrifier le porcelet avec du lubrifiant KY pour qu'il soit plus facile à sortir.

*Incapacité à respirer :* Si le porcelet est né, mais ne respire pas, vous devez stimuler la respiration. Il existe deux méthodes et elles sont fonction de ce qui se passe. Tout d'abord, insérez un morceau de paille dans la narine et essayez de l'enfoncer un petit peu vers le haut. Cela devrait faire tousser le porcelet et ôtera tout ce qui bouche la trachée. Si cela ne fonctionne pas, placez votre main autour de la tête du porcelet et mettez le doigt dans sa bouche pour que sa langue reste en avant. Tenez le porcelet par les pattes arrière et faites un mouvement de balancier. Cela forcera le mucus à sortir de sa gorge et lui permettra de respirer.

Si à un moment vous avez dû faire un examen ou une manipulation internes au cours de la mise bas, vous devriez donner une injection antibiotique à votre truie à la fin de la mise bas, afin de prévenir tout risque d'infection.

Même après avoir fait l'injection, surveillez votre truie pendant les 24 heures qui suivent pour vous assurer qu'aucune infection ne s'installe.

## 4) Les porcelets

Maintenant que la mise bas est passée, il est temps de commencer à soigner vos porcelets. Si vous avez eu de la chance, vous devrez vous occuper d'une portée assez nombreuse. Même si la mère s'occupe de la majorité des soins, vous aurez tout de même du travail à faire.

Encore une fois, il est important de se souvenir que les cochons ont un taux de mortalité élevé. Les porcelets sont vulnérables aux maladies et sont assez couramment écrasés par leur mère quand elle se déplace dans le nid. En outre, certains porcelets sont plus faibles que d'autres et ils peuvent avoir besoin d'être nourris à la main pour s'assurer qu'ils prennent suffisamment de lait pour bien se développer.

Pour examiner les soins des porcelets, il vaut mieux les séparer en étapes puisque les porcelets vont passer par 6 à 8 semaines d'étapes de développement depuis la naissance au sevrage.

## a) Étape un : Nouveau-né

Au cours des premières heures et des premiers jours de la vie de votre porcelet, certaines choses doivent être surveillées. Tout d'abord, il faut voir comment se porte la mère. Nourrit-elle ses porcelets ? Est-elle attentive à leurs besoins ? Tous les porcelets obtiennent-ils des portions égales ? Si ce n'est pas le cas, commencez à sortir le porcelet du bac et à le nourrir au biberon plusieurs fois par jour. Certains porcelets devront peut-être être entièrement nourris au biberon et cela signifie que vous devrez les nourrir toutes les deux heures.

Si vous avez plusieurs truies qui mettent bas à peu près au même moment, c'est une bonne idée de répartir les porcelets d'une portée à l'autre. Les truies avec de petites portées peuvent prendre quelques porcelets de grandes portées pour garantir que tous les porcelets aient les meilleures chances. Il est très important, lorsque vous changez les porcelets de portée, de ne déplacer que les plus gros, afin que les plus petits aient une meilleure chance de survie.

Si vous procédez à des changements de portée, ne le faites que si les portées sont nées pendant la même semaine, et jamais à plus d'un ou deux jours d'intervalle, afin que les porcelets reçoivent le colostrum dont ils ont besoin.

La première semaine sera celle où vous aurez le plus d'entretien à faire et cela dépend vraiment de ce que vous préférez pour vos cochons.

Au cours des premiers jours, prenez le temps d'épointer les petites dents en aiguille des porcelets. Elles sont très pointues et peuvent blesser les mamelles de la truie. Faites attention à ne pas les écraser, coupez simplement le bord des dents pour qu'elles ne soient plus pointues.

En outre, au cours du premier jour, si vous voulez écourter la queue, c'est le moment de le faire. De nombreux vétérinaires le font simplement en coupant la queue avec une pince coupante à une longueur de 0,63 cm (1/4 de pouce).

Pendant la première semaine, pesez les porcelets pour vous assurer qu'ils poussent bien. Si certains ont l'air de peser trop peu, donnez-leur plus de lait que ce qu'ils prennent chez leur mère en les nourrissant aussi au biberon.

Parce que les cochons naissent avec une carence en fer, donnez-leur 1 ml de vitamines pour bébés chaque jour pendant la première semaine pour garantir qu'ils obtiennent les nutriments nécessaires à une croissance saine.

### b) Étape deux : Les premières semaines

Au cours des premières semaines, vous n'avez pas grand-chose à faire. Examinez quotidiennement vos porcelets pour voir s'ils se développent bien et pour prendre à temps les problèmes qui pourraient survenir.

Lorsque les porcelets atteignent l'âge de 2 semaines, vous pouvez commencer à introduire de l'alimentation pour porcelets. C'est une nourriture spécialement formulée qui est proposée aux porcelets avec de l'eau en tant que nourriture additionnelle. La nourriture est placée à un endroit où seuls les porcelets peuvent l'atteindre, pas la mère.

Cette alimentation doit être donnée d'après les recommandations du vétérinaire et également suivant les conseils sur l'emballage. De nombreux éleveurs préfèrent faire leur propre alimentation pour porcelets en commençant par du lait de chèvre et des céréales pour bébés. Les premiers jours, le mélange est très dilué, avec plus de lait que de céréales, puis c'est mélangé jusqu'à ce que les porcelets soient sevrés.

Au cours des premières semaines, passez du temps avec vos porcelets, manipulez-les et sociabilisez-les en les habituant à de nouvelles choses. Plus ils sont sociabilisés, plus ils ont de chances de devenir des animaux domestiques équilibrés.

Il est également important de maintenir la pièce propre et sèche. Les truies ne sont pas connues pour nettoyer le bac et c'est à vous d'enlever les saletés, débris et excréments du bac. En outre, maintenez une température de 27 à 32 °C (80 à 90 °F), car les porcelets ne peuvent pas générer leur propre chaleur.

### c) Étape trois : Le sevrage

Même si le sevrage commence habituellement au cours des premières semaines de la vie du porcelet, si vous introduisez l'alimentation pour porcelets, un porcelet devrait être entièrement sevré vers l'âge de 6 à 8 semaines.

Il est important de ne pas envoyer un porcelet dans une nouvelle maison avant qu'il soit complètement sevré vers l'âge de 8 semaines. Si vous le donnez avant, il y aura un sérieux risque pour le porcelet, et les propriétaires finiront par devoir payer de grosses sommes chez le vétérinaire.

Puisque vous avez déjà introduit de la nourriture pour porcelets dans leur alimentation, le sevrage est une étape très facile.

Commencez par donner le mélange lait et céréales, puis introduisez les granules pour cochon. La meilleure façon est d'écraser les granules pour en faire de la poudre puis de faire une sorte de purée de céréales avec le lait de chèvre et les granules. Placez sur une cuillère et proposez-la aux cochons, ou mettez le tout dans une casserole.

Bizarrement, la plupart des porcelets préfèrent manger dans un plat blanc plutôt que noir ou coloré. Assurez-vous donc de trouver la couleur qui leur convient. Vous devrez peut-être pousser le groin du porcelet dans la nourriture pour qu'il commence à manger, mais il comprendra vite comment faire.

Au bout de quelques jours, commencez à ajouter des granules humidifiées, mais entières dans la nourriture. Donnez-leur plus de nourriture au cours de la journée et réduisez l'accès à la truie pour les empêcher de prendre trop de lait.

Continuez ainsi jusqu'à ce qu'ils mangent des granules et qu'ils ne prennent plus le lait de la mère. Donnez-leur beaucoup d'eau fraîche au cours de la journée pour qu'ils ne se déshydratent pas.

Pendant l'étape de sevrage, vous devrez passer du temps avec les porcelets et il faudra les habituer à une large gamme de bruits, de gens et d'expériences. Rappelez-vous qu'ils sont vulnérables aux maladies et qu'ils doivent rester dans un endroit chaud et sec jusqu'à ce qu'ils aient 8 semaines et qu'ils soient prêts à partir pour leur nouvelle maison.

Si vous proposez le service aux futurs propriétaires, il est à présent temps de castrer les porcelets mâles. En fait, c'est moins traumatisant pour le porcelet s'il peut être castré avant l'âge de 4 semaines.

Si vous ne le faites pas, dites bien à tous les propriétaires potentiels que les porcelets n'ont pas été castrés.

Pour finir, il n'y a rien de plus beau que d'élever ses propres porcelets et de leur trouver un nouveau foyer. Cela peut être une expérience merveilleuse. Même si cela exige beaucoup de travail et qu'il y a des hauts et des bas, vous trouverez que ça en valait la peine.

# *Chapitre Douze : Le cochon nain âgé*

Lorsque vous ramenez votre cochon nain chez vous pour la première fois, vous ne pensez probablement qu'au petit porcelet tout mignon pour lequel vous avez eu le coup de foudre. Bien sûr, vous pensez peut-être à tout le dressage et aux tâches que vous devrez accomplir en tant que propriétaire de cochon, mais vous ne pensez sans doute pas au cochon âgé.

En fait, vous n'y penserez que bien plus tard, parce que de nombreux cochons nains peuvent mener une vie en bonne santé jusqu'à près de 18 ans ou plus.

Même si les soins du cochon âgé se perdent dans un futur lointain, il est important de s'y préparer.

Avant d'acheter votre porcelet, rappelez-vous que c'est un engagement pour la vie. Votre porcelet sera avec vous pendant près de deux décennies et vers la fin de sa vie il aura besoin de plus de soins et de dévouement qu'au début, quand il est encore un porcelet.

Je ne dis pas cela pour vous effrayer, pas du tout, mais il est important de souligner cet état des choses. Les cochons vieillissent et même si les soins ne changent pas beaucoup, certaines considérations doivent être prises en compte.

## 1) *Nourrir votre cochon vieillissant*

L'alimentation de votre cochon nain peut changer légèrement à mesure qu'il vieillit, cela dépend vraiment de votre cochon. Si vous trouvez qu'il est toujours aussi actif qu'avant, alors vous pouvez continuer à le nourrir comme vous l'avez toujours fait. Cependant, s'il commence à devenir plus lent et devient obèse à cause de cela, vous allez devoir réduire la quantité de nourriture quotidienne.

En général, un cochon devrait manger l'équivalent de 2 % de son poids corporel lorsqu'il devient obèse. Cela signifie qu'il mangera moins de 120 ml par jour.

En outre, les dents d'un cochon nain âgé ne sont pas toujours aussi solides qu'avant, et il vaut mieux lui donner de la nourriture et des collations faciles à mâcher et à avaler. Les légumes et les fruits mous font de bonnes gâteries, tout comme les raisins secs. Donnez-lui plus de son et beaucoup d'accès à l'eau fraîche.

Une autre bonne idée est de donner à votre cochon une tablette de vitamines pour enfants à mâcher chaque jour pour garantir qu'il obtient tous les nutriments et les vitamines dont il a besoin.

## 2) *Préparer l'environnement de votre cochon âgé*

Lorsque votre cochon commence à vieillir, il aura plus de mal qu'avant à se déplacer dans le monde autour de lui. Pendant ce temps, vous devrez chercher des manières de lui rendre les choses encore plus confortables.

Les escaliers constituent l'un des plus gros obstacles pour un cochon âgé. À mesure qu'il vieillit, les escaliers seront plus difficiles à monter et vous devrez envisager l'installation d'une rampe pour qu'il puisse facilement entrer et sortir de son enclos.

En outre, votre cochon nain aura besoin d'un endroit plus chaud pour dormir. Assurez-vous que la température fasse environ 27 °C et qu'il fasse sec sans courant d'air. Un cochon âgé est beaucoup plus vulnérable aux maladies et il devra être tenu éloigné des jeunes cochons qui peuvent avoir été exposés à des maladies.

Assurez-vous que votre cochon nain âgé dispose de beaucoup d'herbe fraîche et propre pour broûter, fouiller et retourner la terre. Plus la terre est de bonne qualité, moins il risquera des carences de sélénium ou d'autres vitamines et minéraux. Si nécessaire, déplacez légèrement l'enclos dans votre jardin afin qu'il ait accès à de l'herbe fraîche pendant que l'autre herbe repousse.

Enfin, votre cochon âgé a besoin d'exercice physique pour rester en bonne santé, mais avec modération et par des exercices légers, car il ne faut pas trop solliciter ses articulations.

De petites promenades deux à trois fois par jour suffisent amplement, mais n'ayez pas peur de lui donner quelques jouets ou bien amusez-vous avec lui au jardin. Oui, l'exercice sera plus léger et se fera par intervalles de 5 à 10 minutes, mais jouer avec votre cochon nain le fera rester jeune.

# Chapitre Treize : Termes courants

Vous vous intéressez aux cochons ? Si vous souhaitez devenir un véritable passionné et propriétaire de cochons, il est important de comprendre les mots courants que vous entendrez dans l'univers de l'élevage de cochons. Ci-dessous se trouve une liste des termes et des mots que vous rencontrerez dans le monde des cochons.

**Alimentation pour porcelets :** (« Creep feeding » en anglais) Une nourriture placée dans un lieu où les porcelets peuvent l'atteindre, mais pas la truie.

**Anémie :** Une maladie causée par une carence en fer dans le sang, très courante chez les porcelets.

**Bac de mise bas :** Un bac spécifique où la truie donne naissance aux porcelets.

**Castration :** Le fait d'ôter les testicules d'un cochon mâle.

**Chaleurs :** Partie du cycle reproductif, c'est le moment où la femelle est la plus réceptive aux mâles.

**Cochon :** On l'utilise de manière générique, mais le mot désigne également le mâle castré.

**Colostrum :** Un lait à forte teneur en anticorps qui est produit pendant les premiers jours suivant la mise bas des porcelets.

**Consanguinité :** Lorsque deux cochons étroitement apparentés se reproduisent.

**Consanguinité sur la lignée :** Reproduction entre deux cochons apparentés par la même lignée familiale, mais pas aussi étroitement que pour la consanguinité pure.

**Croisements :** Reproduction entre deux races différentes de cochons.

**Défense :** Canine d'un cochon qui se trouve sur les deux mâchoires. En général, elles sont courbées et poussent vers le haut.

**Dents en aiguille/coins :** Petites dents pointues présentes à la naissance. Les porcelets naissent en général avec huit dents et toutes les huit doivent être épointées pour prévenir les blessures des mamelles de la truie.

**Ergot :** Les petits onglons qui se trouvent à l'arrière du pied. Il y en a généralement deux.

**Fouissement :** Un comportement naturel où le cochon pousse le groin dans la terre pour déterrer des choses.

**Gestation :** La durée de la période de grossesse, en général de 110 à 115 jours.

**Goret :** Jeune cochon.

**Lactation :** Lorsque le lait est produit chez la truie qui allaite ou qui est sur le point de mettre bas.

**Mise bas :** Terme utilisé pour décrire une truie qui accouche.

**Mohawk :** Les poils qui se hérissent au milieu du dos lorsque le cochon est agité.

**Monogastrique :** Au système digestif constitué d'une seule poche d'estomac.

**Mue :** Un terme utilisé pour désigner la perte des poils survenant une à deux fois par an.

**Ovulation :** Lorsque les ovules sont libérés durant la période de chaleurs (œstrus) du cycle reproductif.

**Période des chaleurs constantes :** Une étape des chaleurs durant laquelle la truie autorise le mâle à s'accoupler avec elle.

**Placenta :** Le tissu organique qui est délivré après la naissance d'un des porcelets. Il comprend le placenta et les membranes fœtales.

**Porcelet :** Bébé cochon.

**Souille :** Un endroit où le cochon se vautre pour se rafraîchir. En général c'est une flaque boueuse.

**Truie :** Un cochon femelle adulte, fait généralement référence à une mère.

**Verrat :** Un cochon mâle non castré.

**Vulve :** Organe génital de la femelle.

CPSIA information can be obtained
at www.ICGtesting.com
Printed in the USA
BVHW040442080921
616238BV00010B/308

9 781909 151697